安徽省财务管理专业改造提升项目（2022zygzts070）成果

巢湖学院校本教材项目（ch21xbj01）成果

普通高校经济管理类应用型本科系列教材

会计学原理

主　编　赵　祺

副主编　石争光　张　倩

编　委（以姓氏笔画为序）

丁卫萍　甘　泉　朱慕蓉

向　嬿　杨　冰　张　成

陈　颖　金　融　郑玉玉

赵　旭　耿冉冉　程晶晶

中国科学技术大学出版社

内 容 简 介

本书为安徽省省级慕课"会计学原理"配套教材。以应用型人才培养为目标,结合会计学课程要求,在详解基础会计相关理论知识的基础上,配备大量图示说明,让学生直观地了解账务处理流程,并辅以习题和操作,真正实现理论+实践。主要内容包括原始凭证的填制、记账凭证的填制、会计账簿的登记、错账更正和会计报表的编制等。

本书可以作为应用型本科院校经济管理类专业的专业基础课教材,也可供财会从业人员学习使用。

图书在版编目(CIP)数据

会计学原理 / 赵祺主编. -- 合肥:中国科学技术大学出版社,2025.2
ISBN 978-7-312-05880-6

Ⅰ. 会… Ⅱ. 赵… Ⅲ. 会计学 Ⅳ. F230

中国国家版本馆 CIP 数据核字(2024)第 042556 号

会计学原理
KUAIJIXUE YUANLI

出版	中国科学技术大学出版社 安徽省合肥市金寨路96号,230026 http://press.ustc.edu.cn https://zgkxjsdxcbs.tmall.com
印刷	合肥市宏基印刷有限公司
发行	中国科学技术大学出版社
开本	787 mm×1092 mm　1/16
印张	11.25
字数	278千
版次	2025年2月第1版
印次	2025年2月第1次印刷
定价	42.00元

前　言

会计作为一种国际通用的商业语言，将经济活动中的价值交换真实地记录下来，浓缩企业的财务状况、经营成果等信息，为决策者提供有用的会计信息，经济越发展，会计越重要。会计学原理作为会计学专业的基础课程，融理论与实践为一体，以会计的确认、计量、记录和报告为主线，阐述了会计的基本概念、基本理论以及会计核算的基本程序和方法。

本书以会计核算方法为主线，在编写过程中，根据应用型、技能型人才培养目标的要求，结合经济管理类专业本科学生的学习特点，按照现行会计准则和会计核算程序方法，吸收了会计理论研究的最新成果，力求教材内容与当前会计改革的实践同步，以利于人才培养目标的实现。本书可作为应用型本科高校经济管理类专业教材，也可供企事业单位相关财会人员参考。

本书分为八章，对会计学基本原理进行阐述。赵祺担任主编，负责全书编写的组织工作和编写大纲的拟定。具体编写分工如下：甘泉、向嫕编写第一章，杨冰、张成编写第二章，郑玉玉、赵祺编写第三章，陈颖、张倩编写第四章，石争光、朱慕蓉编写第五章，程晶晶、石争光、朱慕蓉编写第六章，赵旭、耿冉冉编写第七章，金融、丁卫萍编写第八章。

限于编者的水平和时间有限，本书在编写过程中虽力求完善，但书中疏漏之处难免，衷心希望各位读者能不吝赐教，批评指正。

编　者
2024 年 8 月

目　　录

前言 / i

第一章　总论 / 1
第一节　会计的含义 / 1
第二节　会计要素与会计等式 / 4
第三节　会计假设和会计原则 / 15

第二章　会计科目与复式记账法 / 23
第一节　会计科目 / 23
第二节　账户 / 31
第三节　复式记账法 / 34

第三章　会计凭证 / 51
第一节　会计凭证概述 / 51
第二节　原始凭证 / 58
第三节　记账凭证及其填制和审核 / 61

第四章　会计账簿 / 68
第一节　会计账簿概述 / 68
第二节　会计账簿的设置与登记 / 71
第三节　错账的更正及对账 / 75
第四节　期末账项调整和结账 / 78

第五章　财产清查 / 83
第一节　财产清查概述 / 83
第二节　财产清查的方法 / 86
第三节　财产清查的账务处理 / 90

第六章　工业企业主要经济业务核算 / 97
第一节　资金筹集业务核算 / 97
第二节　生产准备业务核算 / 102
第三节　生产过程业务核算 / 109
第四节　销售过程业务核算 / 113
第五节　利润形成及利润分配业务核算 / 119

第七章 会计报表 /134
第一节 会计报表概述 /134
第二节 资产负债表 /139
第三节 利润表 /147

第八章 账务处理程序 /155
第一节 账务处理程序概述 /155
第二节 记账凭证账务处理程序 /157
第三节 科目汇总表账务处理程序 /160
第四节 汇总记账凭证账务处理程序 /165

参考文献 /172

第一章 总 论

内容提要

本章主要介绍会计的发展历史及会计概念、职能、目标和专门方法等会计基本理论知识;重点阐述会计六个要素的内涵、特征及分类。

学习目标与要求

通过本章的学习,使学生了解会计最基本的理论问题,掌握会计的产生和发展,会计的要素与会计等式、会计基本假设以及会计原则等内容。

第一节 会计的含义

一、会计的产生与发展

(一) 会计的产生

会计是随着社会生产的发展和经营管理的需要产生的。

1. 会计的萌芽

早期的人类计数行为是生产者本人所进行的简单计数,这时的计数行为作为会计的萌芽,只是"生产职能的附属职能"。

2. 会计的产生

剩余产品的出现是会计产生的前提条件,它使会计从生产职能中分离出来,成为一种专门职能。

(二) 会计的发展

随着社会生产力的不断发展,会计逐渐从生产职能中分离出来,成为特殊的、专门委托有关当事人的独立的职能。

人类进入奴隶社会后,统治阶级为了维护统治,在其政权机构中设置了单独的会计部门,称为"官厅会计部门"。"会计"一词就产生于西周时期,《周礼·天官》中记载:"司会……掌国之官府、郊野、县都之百物财用,凡在书契版图者之贰,以逆群吏之治,而听其会计。"在这一时期同时出现"会计"二字连用,除了有计算和记录的含义外,还有管理和考核之意。

到了封建社会,由于生产过程的日趋复杂和商品经济的发展,会计的社会地位与方法技术也有了很大发展。秦汉时期出现的"簿书"、南北朝出现的"账簿"等会计账册、唐宋两代出现的"流水账"和"誊清账"组成的账务体系,均为现代会计账簿的雏形。到了明末清初,随着手工业、商业的进一步发展和资本主义经济关系的萌芽,我国商人进一步设计了"龙门账"。清末,资本主义经济关系逐步萌芽,又出现了"天地合账"。

在当时世界上的其他地方,随着商品经济的产生和发展,以核算和监督私人资本运动为主要内容的"民间会计"得到迅速发展。1494年,在意大利北方城市产生的借贷记账法基本定型,并由数学家卢卡·帕乔利(Luca Paciolio)在《算术·几何·比及比例概要》一书的"计算与记录详论"一章中对复式记账方法进行了详尽的介绍和理论总结,为复式记账在全世界的传播奠定了基础。

从20世纪初以来,科学技术突飞猛进,生产力空前提高,企业规模不断扩大,企业联合、跨国公司不断出现,对会计的要求也不断提高,不仅要求记账、算账、报账,正确计算经营成果,还要进行计划管理,参与预测、决策、分析和考核等。因此,现代会计分化为财务会计和管理会计。财务会计主要对已发生的经济业务,按照一定的程序和会计原则、会计准则、会计制度的规定,进行事后的反映和监督,并定期地编制会计报表,为有关各方提供财务信息。而管理会计则不同于财务会计,它不受财务会计法规的约束,而是运用数学、统计等方法,对未来的生产经营活动进行预测和决策,为企业内部管理服务。可以预见,在今后的经济生活中,会计的手段将更为先进,会计的地位将更加重要,会计将会在经济管理和国际交往中发挥日益重要的作用。

总之,会计是随着人类社会生产和经营管理的需要而产生并不断发展的,经济越发展,会计越重要。

二、会计的职能

会计的职能是指会计在经济管理中所具有的功能。

会计的基本职能包括核算职能和监督职能。

(一) 会计核算职能

1. 含义

会计的核算职能是指会计能以货币为计量单位综合反映企业单位的经济活动,为经营管理提供会计信息。通常所说的记账、算账、报账等会计工作,就是会计核算职能的具体体现。

2. 会计核算的特点

(1) 会计核算以货币作为统一的计量单位。比较三种计量尺度:劳动尺度、实物尺度和货币尺度,货币计量是最适合于会计核算目标的综合性计量单位。

举例:原材料的核算需要实物计量,工资的计算需要劳动计量。

强调:通过举例说明,会计核算以货币作为主要的计量单位,并不是说在会计核算中只有货币这一种计量单位,而是以货币计量为主,实物计量与劳动计量为辅。

(2) 会计核算必须以合法的会计凭证为依据。会计凭证是证明经济业务发生和完成的书面文件。会计以会计凭证为依据进行核算,可保证会计核算资料的真实可靠。

举例:如购买材料要有发票证明,报销差旅费要有相关的车票等证明。

强调:这些用来证明经济业务发生和完成情况的会计凭证必须是合法的。

(3) 会计核算具有连续性、系统性、全面性、综合性。

连续性:是按业务发生的时间顺序逐笔、逐日记录,不能中断。

系统性:是指会计在反映经济业务时,要按经济业务性质不同,分门别类地进行登记。

全面性:是指会计在反映经济业务时,要全面反映、分文不漏。

综合性:是指会计将大量零星、分散的数据,加以分类、汇总,用金额反映,使之成为有用的信息。

3. 会计核算的作用

通过会计核算取得的会计资料,可全面、客观地考核一个单位经济活动的过程和结果,考核其经济效益,便于及时发现工作中存在的问题和差距,为改进经营管理指出方向。会计核算不仅能反映已经发生和完成的经济活动情况,还可通过计算、分析,预测未来的经济发展趋势,为管理者进行科学决策提供依据。

(二) 会计的监督职能

1. 含义

会计的监督职能,是指会计按照一定的目的和要求,对各单位的经济活动进行事前、事中和事后的控制,使之达到预期目标的功能。

2. 会计监督的特点

(1) 会计监督具有经常性和连续性。会计监督与会计核算同时进行,是一项经常性、连续性的工作,与审计、税务等单位的定期监督或对某项业务进行的监督不同。

(2) 会计监督主要是进行价值监督,具有综合性。会计监督主要是利用会计核算取得的一系列反映经济活动的价值指标进行的监督。如资金、成本、利润等指标。通过对这些指标进行分析和利用,可全面地掌握经济活动情况;将这些指标与预定目标相比较,及时发现脱离预定目标的差距,就可以及时采取措施对经济活动进行指导和调节,控制经济活动按预期目标进行,保证预定目标的实现。

(3) 会计监督具有强制性。实施会计监督的依据是国家有关财经法规、法令、制度,因此具有强制性。

3. 会计监督的类型

会计监督要对企业经济活动的全过程进行监督,包括事前监督、事中监督和事后监督。

(三) 核算与监督职能的关系

会计的核算与监督职能具有相辅相成、不可分割的关系。会计核算是会计监督的前提和基础,会计监督是会计核算的目的和保障。

三、会计的特点

会计的特点是由社会经济制度的特点以及经济管理的目的和要求所决定的。在不同社会制度下,会计对生产过程进行反映和监督所遵循的原则和方法不完全一样,表现出不同的特点。

(1) 会计以货币为主要计量单位。
(2) 会计所反映的数据资料具有连续性、系统性、综合性和完整性。
(3) 会计以合法凭据为依据。
(4) 会计有一套完整的方法体系。

四、会计的概念

会计是以货币为主要计量单位,运用专门的方法,对企事业、机关单位或其他经济组织的经济活动进行连续、系统、全面地反映和监督的一项经济管理活动。具体而言,会计是对一定主体的经济活动进行的核算和监督,并向有关方面提供会计信息。

第二节 会计要素与会计等式

一、会计对象

（一）会计的一般对象

会计的对象是指会计核算和监督的内容。从会计的定义来看,会计的对象是特定对象的经济活动。由于会计核算要以货币为计量单位,所以,只有能够以货币计量的经济活动才能纳入会计核算和监督的范围。能够以货币计量的经济活动通常被称为价值运动或资金运动,因此,会计的对象可以高度概括为特定对象的资金运动。

（二）工业企业的资金运动

工业企业是从事工业产品生产和销售的营利性组织。其资金运动的内容有（图1.1）:
(1) 资金的投入。
(2) 资金的循环与周转。
① 资金的循环:资金的循环是指资金从货币形态出发,最后又回到货币形态的过程。
② 资金的周转:资金的周转是指连续不断的资金循环。
(3) 资金的退出。

（三）商品流通企业的资金运动

商品流通企业的资金循环周转一般只有商品购进和商品销售两个过程,不存在生产过程。

（四）行政事业单位的资金运动

行政事业单位在会计上表现为：一方面按预算从国家财政取得拨入资金；另一方面又按预算以货币资金支付各项费用，其资金运动的形式就是：资金拨入——资金付出。

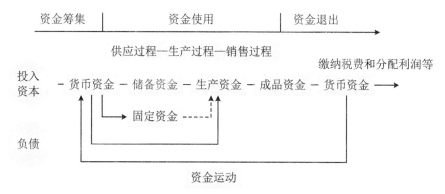

图 1.1　工业企业的资金运动过程图

二、会计要素

（一）会计要素的含义

会计要素是指会计对象由哪些部分构成，是会计对象按照经济特征所作的最基本分类，也是会计核算对象的具体化，是用于反映会计主体的财务状况、确定经营成果的基本要素。

（二）会计要素的分类

会计要素按照其性质分为资产、负债、所有者权益、收入、费用、利润六大会计要素。

（三）会计要素的内容

1. 资产

（1）资产要素的含义。资产是指企业过去的交易或者事项形成的、企业拥有或者控制的、预期会给企业带来经济利益的资源。

【思考】　从资产的定义中，我们可以归纳出资产有哪些特征？

资产要素具有以下基本特征：

① 资产是一种经济资源。这种资源具有在未来给企业带来经济利益的能力。作为企业的一项资产，其能够给企业直接创造经济收益，或有助于企业经济收益的实现。比如，企业的存货在出售后可以实现销售利润，企业的机器设备通过对材料加工而生产出完工产品，因此，存货、机器设备等属于企业的资产。

② 资产必须由特定企业实体所拥有或控制。"拥有"的基本含义是指企业具有该项财产的所有权，而"控制"是指尽管企业不拥有其所有权但拥有其使用权。在企业的资产中，对土地、融资租入的设备等企业只享有其使用权而不拥有其所有权。将某一项目确认为企业

的资产,不一定强求企业拥有其所有权,能够控制其使用权亦可。

③ 资产必须是过去交易或事项的结果。资产必须是企业经过已经发生的经济行为而取得的资源,资产应当是现时客观地存在于企业。计划在未来期间取得(购入或建造)、其相关交易或事项尚未实际发生,这样的财产不属于企业的资产。例如,企业准备于次年购置的产品生产线、下一月度准备购入的生产用材料等。

(2) 资产要素的构成。依据企业资产被耗用或变现的时间,可以将其区分为流动资产和非流动资产。流动资产是指可以在一年或者超过一年的一个经营周期内变现或者耗用的资产,流动资产之外的资产就是非流动资产,也称长期资产。流动资产主要包括现金、银行存款、短期投资、应收账款、应收票据、其他应收款项、存货等,非流动资产主要包括长期投资、固定资产和无形资产等。

各类流动资产的具体含义如下:

① 现金。此处的现金是指企业持有的现款,也称"库存现金",比如人民币、美元等。

② 银行存款。银行存款是指企业存入某一银行账户的款项。该银行称为该企业的"开户银行"。企业的银行存款主要来自投资者投入资本的款项、负债借款、销售商品的货款等,主要用来偿还债务、支付购买商品的货款和有关费用。

③ 交易性金融资产。交易性金融资产是指企业以赚差价为目的,准备近期内出售而持有的债券投资、股票投资和基金投资。一般而言,企业可以根据市场行情随时出售短期持有的股票、债券等,以获得差价(投资收益)。

④ 应收账款。应收账款是指企业因为销售商品、提供劳务等而应该向客户收取(但暂未收到)的款项。应收账款是企业赊销行为的结果。应收账款是企业的一项主要债权。

⑤ 应收票据。应收票据是指在采用商业汇票支付方式下,企业因销售商品、提供劳务等而收到的尚未兑现的商业汇票。应收票据也是企业的一项重要债权。

【特别提示】 我国《票据法》和《支付结算办法》规定的票据包括支票、本票、汇票(银行汇票和商业汇票)等。商业汇票是银行票据的一种。会计中的应收票据、应付票据仅指商业汇票。

⑥ 其他应收款。其他应收款是指除上述应收账款、应收票据以外的其他各种应收及暂付款项,如应当收取的各种赔款和罚款、为职工垫付的各种款项、租入包装物押金等。

⑦ 存货。存货是指企业在日常生产经营过程中持有的准备出售或耗用的各种货物,包括各类材料、在产品、半成品、产成品或商品等。企业的存货主要包括两类:一类是库存商品(或产成品),其主要用于销售,以获得收入。如汽车制造商生产的各种汽车、饮料制造商生产的各种饮料等;另一类是材料,其主要用于投入生产过程,生产完工产品(产成品)。例如,家具制造商储备的用于生产家具的各种木材、葡萄酒厂储备的各种葡萄等。

各类非流动资产的具体含义如下:

① 债权投资。债权投资是指为了取得债权而进行的投资,比如购买国库券、公司债券等。企业进行债权投资的目的,不是为了获得其他企业的剩余资产,而是为了获取高于银行存款利率的利息,并保证按期收回本息。

② 长期应收款。长期应收款是指企业融资租赁产生的应收款项和采用递延方式分期收款、实质上具有融资性质的销售商品和提供劳务等经营活动产生的应收款项。

③ 长期股权投资。长期股权投资是指通过投资取得被投资单位的股份。企业对其他

单位的股权投资,通常是为长期持有,以期通过股权投资达到控制被投资单位,或对被投资单位施加重大影响,或为了与被投资单位建立密切关系,以分散经营风险。股权投资通常具有投资大、投资期限长、风险大以及能为企业带来较大的利益等特点。

④ 投资性房地产。投资性房地产,是指为赚取租金或资本增值(房地产买卖的差价),或两者兼有而持有的房地产。投资性房地产应当能够单独计量和出售。

⑤ 固定资产。固定资产是指企业作为生产条件、劳动工具的房屋、建筑物、机器、机械、运输工具以及其他与生产经营有关的设备、器具、工具等。一般而言,固定资产的使用期限较长,且其单项价值较高。作为生产条件、劳务工具,企业购置或建造固定资产的目的是"使用"而不是为了"销售"。

⑥ 无形资产。无形资产是指企业持有的专利权、非专利技术、商标权、著作权、土地使用权以及企业的商誉等。无形资产是企业的一种经济资源,其能够在未来期间给企业带来经济利益,但具有较大的不确定性。无形资产是没有实物形态的非货币性长期资产,其效能发挥必须以企业有形资产为基础,即不能与特定企业或企业的实物资产相分离。

2. 负债

(1) 负债要素的含义。负债是指企业过去的交易或者事项形成的、预期会导致经济利益流出企业的现时义务。

【思考】 从负债的定义中,可以归纳出负债有哪些特征?

负债要素具有如下基本特征:

① 负债是一种企业承担的现时义务。企业应当区分"现时义务"与"未来承诺"。负债作为一种现时义务,产生于过去的交易或事项。未来承诺一般不构成企业负债的内容。比如,企业管理层决定在下一时期购买资产,其本身并不产生现时义务,因而不形成企业本期的负债。

【特别提示】 我国新企业会计准则解释"现时义务是指企业在现行条件下已承担的义务。未来发生的交易或者事项形成的义务,不属于现时义务,不应当确认为负债"。

② 负债的清偿会导致经济利益流出企业。企业履行因举债而形成的义务,必然会放弃含有经济利益的资产,如以支付现金、转让其他资产或提供劳务等方式偿债。相反,企业取得负债则导致企业资产增加(即取得了新的资金)。

③ 负债是企业过去的交易、事项的一种后果。

(2) 负债要素的构成。在企业的理财过程中,负债的偿付时间是需要重点关注的问题。因此,企业负债一般按其偿还期长短被分为流动负债和非流动负债。流动负债也称短期负债,是指将要在1年或超过1年的一个营业周期内偿还的债务,主要包括短期借款、应付账款、应付票据、应付职工薪酬、应交税费、应付股利、其他应付款等。非流动负债,也称长期负债,是指偿还期在1年或超过1年的一个营业周期以上的债务,主要包括长期借款、应付债券、长期应付款等。

每一项负债的具体含义如下:

① 短期借款。短期借款是指企业从银行或其他金融机构借入的期限在1年以下的各种借款。例如企业从银行取得的、用来补充流动资金不足的临时性借款。

② 应付账款。应付账款是指企业因为购买材料或商品、接受劳务等而应付给供应单位的款项。

③ 应付票据。应付票据是指企业因为购买材料或商品、接受劳务等而开出、承兑的商业汇票，包括银行承兑汇票和商业承兑汇票。

④ 应付职工薪酬。应付职工薪酬是指企业为获得职工提供的服务而给予各种形式的报酬以及其他相关支出。包括：职工工资、奖金、津贴和补贴；职工福利费；医疗保险费、养老保险费、失业保险费、工伤保险费和生育保险费等社会保险费；住房公积金；工会经费和职工教育经费；非货币性福利。非货币性福利指企业以自产产品或外购商品发放给职工作为福利，将自己拥有的资产或租赁的资产无偿提供给职工使用、为职工无偿提供医疗保健服务，或者向职工提供企业一定补贴的商品或服务等；因解除与职工的劳动关系给予的补偿；其他与获得职工提供的服务相关的支出。

⑤ 应交税费。企业发生应税行为（按照税法规定，应该缴税的行为），就必须按税法规定缴纳税款。企业应当交纳的税金主要包括增值税、所得税、消费税、营业税等。应交税费是指企业按规定计算的、应交而实际未交的各种税款。

⑥ 应付股利。收益分配是企业重要的财务活动。股利是公司支付给投资者的投资报酬。公司支付给股东的股利主要包括现金股利和股票股利两种形式。一般而言，年度末了，企业董事会均会根据企业的具体情况，确定利润分配方案，并提交股东会议决定。应付股利是指企业已经决定分配给投资者但尚未实际支付的现金股利（或利润）。

【特别提示】 应付股利仅指已对外宣告，尚未发放的现金股利。

⑦ 其他应付款。其他应付款是指除上述应付款项以外，企业应付或暂收其他单位或个人的款项，如应付经营租入固定资产和包装物租金、存入保证金（如收到的包装物押金等）、暂收员工个人的款项等。

⑧ 长期借款。长期借款是指企业从银行或其他金融机构借入的期限在1年以上的各项借款。企业借入长期借款，主要是为了长期工程项目。

⑨ 应付债券。发行债券是企业筹集资金的重要渠道。企业发行的债券按偿还期长短可分为短期债券和长期债券。短期债券是指发行的1年期及1年期以下的债券，1年期以上的债券则为长期债券。应付债券是指企业为筹集长期资金而实际发行的长期债券。

⑩ 长期应付款。长期应付款是指除长期借款和应付债券以外的其他各种长期应付款项，如采用补偿贸易方式下引进外国设备价款、应付融资租入固定资产租赁费等。

3. 所有者权益

(1) 所有者权益要素的含义。所有者权益是指企业资产扣除负债后由所有者享有的剩余权益。

作为两种产权，所有者权益与负债（债权人权益）的共同之处在于：

① 二者的权利体现在企业的全部资产上。"企业是以全部资产承担其债务责任。"企业的全部资产在扣减负债后，归属于企业投资者。

② 无论是投资者还是债权人，其相关权利（如使用权、让渡权等）的行使都受到企业"法人财产权"的限制，但其法律上的最终所有权权利不变。

③ 二者共同构成企业的产权结构，以企业资产的存在作为产权存在的基础，并相互制约。

④ 无论是投资者的产权还是债权人的产权，其产生和存在均以追求其自身的收益最大化为目的。

所有者权益与负债(债权人权益)的区别在于：产权归属不同；存在期限不同；收益不同；风险不同。

(2) 所有者权益要素的构成。无论从企业主体的角度还是从企业外部投资者的角度看，归属于投资者的权益应当包括两个部分内容：一是投资者投入的资本(含追加投入资本)；二是企业经济活动中产生的资本增值(即企业的利润或净收益)。投资者投入资本包括实际投入的注册资本和归属于投资者的资本公积金(如资本溢价等)。资本增值(收益)中，一部分已经以股利形式支付给投资者，另一部分以"留存收益"形式(如盈余公积金、未分配利润)存在于企业。投资者对留存收益部分享有现时的要求权。因此，所有者权益包括实收资本(或股本)、资本公积、盈余公积和未分配利润等主要内容。

① 实收资本。实收资本是指企业实际收到的、投资者投入的作为企业注册资本的资金。

② 资本公积。资本公积是"资本公积金"的简称。它是指企业在筹集资本过程中所形成的资本溢价。在我国，资本公积主要包括股票溢价、外币资本投资产生的汇兑收益以及企业所接受的现金捐赠等。资本公积在本质上属于所有者权益要素的内容，即其产权归属于企业的全体投资者。

③ 盈余公积。盈余公积是"盈余公积金"的简称。它是指从企业净利润中按规定提取的公积金。盈余公积是收益留存于企业的一种主要形式。盈余公积按用途可分为法定盈余公积金、法定公益金等。

④ 未分配利润。未分配利润是指在企业实现的净利润中尚未指定其明确去向的那部分利润。企业实现的净利润，实际上分为两个部分：一部分为已经确定将要支付给投资者的利润，这一部分利润会退出企业生产经营过程(最终流出企业)；另一部分为仍然留在企业、继续参与生产经营过程的"留存收益"，这部分利润以"盈余公积"和"未分配利润"两种形式存在。企业本年度未分配利润，可以留待以后年度分配。

4. 收入

(1) 收入要素的含义。收入是指企业在日常活动中形成的、会导致所有者权益增加的、与所有者投入资本无关的经济利益的总流入。

(2) 收入要素的构成。确定收入的构成之前，我们首先需要了解确定收入构成的两种理论基础。

① 确定收入构成的两种理论基础。从理论上看，确定收入的构成内容可以依据两种不同的会计理论：一种是收入的"流转过程论(flow process approach)"，另一种是收入的"流入量论(inflow approach)"。

流转过程论认为收入的实现应当是一个完整的流转过程，即企业在特定期间进行的物品和服务的创造过程。流转过程论注重收入产生的过程。

与流转过程论相比，流入量论强调流入的"结果"而不是流入的"过程"。这种流入可以是企业在正常经营过程中所产生的现金或其他资产"流入"，或者是因其他"交易或事项"(如利息、捐赠)所产生的现金或其他资产"流入"。

流转过程论和流入量论因各自强调的重点不同，因而导致了所确定收入的构成内容存在差别。流转过程论着眼于经营活动中资产的转化或流出，因而侧重认可销售的产品或商品收入和提供服务的收入，而排除了没有完整获取过程的"利得"。流入量论则将收入内容扩大到利息、捐赠等"其他现金或资产的流入",不仅包括了企业正常经营的收入,还包括"利得"。

一般而言,基于流转过程论界定收入的构成,称之为狭义的收入概念,如我国、美国的收入概念;基于流入量论界定收入的构成,则称之为广义的收入概念,如国际会计准则的收入概念。

② 收入要素的构成。我国是以流转过程论为基础,采用狭义的收入概念来确定收入的构成内容。因此,我国企业会计制度将收入界定为"企业在销售商品、提供劳务及让渡资产使用权等日常活动中所形成的经济利益的总流入",并认为收入包括主营业务收入和其他业务收入。

主营业务收入是指企业在销售商品、提供劳务以及让渡资产使用权等日常活动中所产生的收入,包括工商企业的产品或商品销售收入、对外提供劳务的收入、让渡资产使用权发生的利息收入和使用费收入、确认的长期工程的合同收入等。主营业务收入是企业在其基本的或主要的经营活动中获得的收入。

其他业务收入是指除主营业务收入以外的其他销售或其他业务收入,如材料销售收入、代购代销商品的手续费收入、包装物出租收入等。其他业务收入是企业在其相对于主营业务活动的次要经营活动中获得的收入。

主营业务收入与其他业务收入的区分,主要依据企业各种经营活动的性质与重要性。对工商企业而言,产品或商品的生产与销售是企业基本的或主要的生产经营活动,因而,其收入属于"主营业务收入"。

5. 费用

(1) 费用要素的含义。费用是指企业在日常活动中发生的、会导致所有者权益减少的、与向所有者分配利润无关的经济利益的总流出。

要了解费用本质的认识,可从以下方面入手:① 费用以"资产消耗"形式存在;② 费用是企业实现利润的必要过程;③ 费用的目的是获利。

(2) 费用要素的构成。从本质来看,费用包括企业在经营活动中基于获利目的而发生的全部资产的消耗。企业资产的这种消耗,会导致两种结果:一种是为了获得收入而使含有经济利益的资产流出企业,另一种是为了在未来期间获得收入而形成另一种资产。第一种"消耗"可称为"损益性费用",其与当期收入具有一定的关联性,应按配比性原则要求计入当期损益;第二种"消耗"则称为"成本性费用",其构成相关资产的成本,不直接计入当期损益。

因此,费用要素在内容上可以分为两类,即损益性费用和成本性费用。

① 损益性费用。损益性费用包括应当从当期收入中扣除的营业成本、销售费用、管理费用、财务费用等。

营业成本是指已销售商品(或提供劳务)的生产成本,根据当期销售商品(或提供劳务)的数量与其单位生产成本计算确定。产品生产企业的已售产品生产成本、商品流通企业的已售商品的实际成本,属于主要经营活动中形成的"营业成本",被称为"主营业务成本"。而对外销售材料所耗用的材料实际成本,则属于次要经营活动中形成的"营业成本",被归类为"其他业务支出"。

销售费用是指在销售商品过程中发生的各种费用,如企业在销售商品过程中发生的运输费、装卸费、包装费、保险费、展览费和广告费等。

管理费用是指为组织和管理整个企业的生产经营活动所发生的费用,如企业董事会和行政管理部门发生的工资、修理费、办公费和差旅费等公司经费以及聘请中介机构费、业务招待费等费用。管理费用的受益对象是整个企业或整个企业的经营活动,而不是企业的某一个部门。

财务费用是指企业为筹集生产经营所需资金而发生的费用,如短期借款的利息支出、支付给银行的手续费用、汇兑损失等。

管理费用、销售费用、财务费用合称为"期间费用"。期间费用应当直接计入当期损益,从当期收入中补偿。

② 成本性费用。成本性费用的特点是,这些费用的发生导致了现金、存货或固定资产等被耗用,甚至会使得相关"经济利益"流出企业,但其目的并非即刻取得收入,而是为了形成新的资产(包括存货、固定资产等)。成本性费用包括体现在不同对象上的材料(或商品)采购成本、产品生产成本、长期工程成本等。

材料采购成本是指企业从外部购入原材料等所实际发生的全部支出,包括购入材料支付的买价和采购费用(如材料购入过程中的运输费、装卸费、保险费,运输途中的合理损耗,入库前的挑选整理费用等)。

产品生产成本是指在产品生产过程直至产品完工所发生的各种费用,包括生产产品直接耗用的材料、直接从事产品生产的员工的工资及福利以及产品应当负担的制造费用。产品的制造费用是指企业的产品制造部门(如生产车间)为组织和管理产品的生产活动所发生的各种费用,如制造部门员工的工资及福利、折旧费、修理费、办公费、水电费等。制造费用不同于管理费用,其受益对象是企业的某一生产部门而不是整个企业。

长期工程成本是指企业建造一项固定资产所实际发生的全部支出,包括该项工程耗用的各种物资、工程施工人员的工资以及工程管理费用等。企业建造一项长期工程,可以视作企业自己生产了一件"产品"。

6. 利润

(1) 利润要素的含义。利润是指企业在一定会计期间的经营成果。利润包括收入减去费用后的净额、直接计入当期利润的利得和损失等。

(2) 利润要素的构成。企业的利润(或亏损)来自企业的经济活动。一般而言,企业的经济活动主要包括筹资活动、经营活动、投资活动等。筹资是企业进行生产经营活动的前提条件。企业在经营活动中,通过生产产品、销售产品(或商品)而实现经营收益;企业在投资活动中,通过购入、出售或转让股票、债券等有价证券以及从事其他投资活动而获得投资收益。因此,企业的利润总额由企业的经营收益、投资收益和其他收益构成。

经营收益是企业从事产品生产和销售活动所获得的收益,也称"营业利润"。经营收益的数量,通常根据产品(商品)销售收入扣减销售成本、税金及期间费用后确定。经营收益是企业基本的利润来源,其显示着企业未来的发展能力。

投资收益是企业从事股票、债券及其他投资活动所获得的收益。如股利收入、债券利息收入、有价证券转让价差收入等。投资收益特别是股票投资收益,受股票市场影响至深,因而具有较大的风险和不稳定性。

其他收益是指企业获得的除经营收益和投资收益以外的各种收益,主要指利得和损失。

利得是指由企业非日常活动所形成的、会导致所有者权益增加的、与所有者投入资本无关的经济利益的流入(我国目前的会计制度称为"营业外收入")。如企业处置固定资产的收益、没收出租物品押金收入等。

损失是指由企业非日常活动所形成的、会导致所有者权益减少的、与向所有者分配利润无关的经济利益的流出(我国目前的会计制度称为"营业外支出")。如处置固定资产的损失、罚款支出、非正常损失等。

三、会计等式

（一）会计等式的含义

会计等式,是反映会计要素之间数量关系的平衡公式,它揭示了会计要素之间的内在联系。

（二）会计等式的形式

企业要从事生产经营活动,必须拥有或控制一定数额的资产。这些资产分布在经济活动中的各个方面,表现为不同的占用(实物资产或非实物的无形资产)形态,如房屋、建筑物、机器设备、原材料、产成品、货币资金等。

企业资产主要来源于两个方面:一是由投资者投入,即企业的所有者权益;二是向债权人借入,即企业的负债。资产和负债、所有者权益是财产资源这一共同体的两个方面,因而客观上存在必然相等的关系。即从数量上看,有一定数额的资产,必定有一定数额的负债和所有者权益;反之,有一定数额的负债和所有者权益,也必定有一定数额的资产。因此,企业的资产总额与负债、所有者权益总额永远保持平衡关系。这种平衡关系随着企业所处的经营期间不同,有着不同的表现形式。

1. 基本会计等式

$$资产 = 负债 + 所有者权益$$

在企业经营初期,由于会计要素中只有资产、负债和所有者权益,因此资产等于负债与所有者权益之和。这个会计等式被称为"静态等式",它反映了企业经营初期,会计基本要素(资产、负债和所有者权益)之间的数量相等关系,同时也反映了企业资产的归属关系。

该等式的基本含义是:

(1) 在某一时点,企业的资产总额等于其当日的负债总额与所有者权益总额之和。

(2) 作为企业资金占用形式的资产与作为企业资金来源渠道的负债和所有者权益,是同一资金整体两个不同的方面,二者相互依存。

(3) 资产、负债、所有者权益要素之间的变动具有内在联系,企业经济活动最终体现在会计要素的变动上。如企业收到投资者投入资金时,其资产和所有者权益要素会同时发生变动;企业取得银行贷款时,其资产和负债要素也会同时发生变动。

2. 动态会计等式

随着企业经营活动的进行,企业一方面在日常活动中会取得收入,另一方面发生相应的费用支出。企业在一定时期内的收入扣除相关费用后的净额,即为企业的利润,于是出现了反映某一特定会计期间,收入、费用和利润等动态会计要素基本关系的等式:

$$收入-费用=利润$$

收入、费用、利润等会计要素之间的这种基本关系,实际上是利润计量(收益决定)的基本模式,它反映了企业在一定时期内的经营成果。这个会计等式被称为"动态等式",它的含义是:

(1) 收入的取得、费用的发生,直接影响企业期间利润的确定。

(2) 来自特定会计期间的收入与其相关的费用进行配比,可以进而确定该期间企业的利润数额。

(3) 利润是收入与相关费用比较的差额。

3. 综合会计等式

从企业经济活动的整体上看,企业经济交易的产生不仅会导致静态会计要素发生变动,而且也会使得静态会计要素与动态会计要素同时发生变动。企业取得利润,表明企业的资产总额增加。企业的利润是属于所有者的,取得利润意味着所有者权益也增加。反之,如果企业发生亏损,企业资产减少的同时所有者权益也减少。如企业销售产品取得收入的交易使得收入要素与资产要素同时发生增加变动,企业支付办公费用的交易使得费用要素发生增加变动并同时使得资产要素发生减少变动等。因此,基于企业资金运动状态的各个会计要素之间具有下列基本关系:

$$资产+费用=负债+所有者权益+收入$$

这个会计等式被称为"综合会计等式"。

(三) 经济业务对会计等式的影响

一个单位的经济业务是繁多的,企业发生的经济业务所引起的资金增减变动,会对会计恒等式产生影响。经济业务对会计恒等式的影响,归纳起来不外乎以下4种情况:

1. 资产与权益项目等额增加

(1) 资产与所有者权益项目等额增加。

【案例1-1】 天源公司接受华联集团的投资500 000元,其中银行存款300 000元,固定资产200 000元。

业务分析:此业务引起以下会计要素之间发生增减变化:资产(银行存款)增加300 000元,资产(固定资产)增加200 000元,所有者权益(实收资本)增加500 000元。

(2) 资产与负债项目等额增加。

【案例1-2】 天源公司向银行借入期限为1年的借款10 000元,存入银行。

业务分析:此业务引起以下会计要素之间发生增减变化:资产(银行存款)增加10 000元,负债(短期借款)增加10 000元。

2. 资产与权益项目等额减少

(1) 资产与所有者权益等额减少。

【案例1-3】 天源公司以银行存款支付产品广告费2 000元。

业务分析:此业务引起以下会计要素之间发生增减变化:资产(银行存款)减少2 000元,所有者权益减少2 000元(销售费用增加,意味着所有者权益减少)。

(2) 资产与负债项目等额减少。

【案例1-4】 天源公司以银行存款20 000元,归还正大公司货款。

业务分析:此业务引起以下会计要素之间发生增减变化:负债(应付账款)减少20 000元,资产(银行存款)减少20 000元。

3．资产项目之间等额有增有减

【案例1-5】 天源公司从银行提取现金500元备用。

业务分析:此业务引起以下会计要素之间发生增减变化:资产(库存现金)增加500元,资产(银行存款)减少500元。

4．权益项目之间等额有增有减

(1) 负债项目之间等额有增有减。

【案例1-6】 天源公司向银行借入偿还期为3个月的借款10 000元,偿还之前欠明光公司的货款。

业务分析:此业务引起以下会计要素之间发生增减变化:负债(短期借款)增加10 000元,负债(应付账款)减少10 000元。

(2) 所有者权益项目之间等额有增有减。

【案例1-7】 天源公司将盈余公积50 000元转增资本金。

业务分析:此业务引起以下会计要素之间发生增减变化:所有者权益(盈余公积)减少50 000元,所有者权益(实收资本)增加50 000元。

(3) 负债增加,所有者权益等额减少。

【案例1-8】 天源公司于月末计提本月的短期借款利息450元,计入财务费用。

业务分析:此业务引起以下会计要素之间发生增减变化:所有者权益减少450元(财务费用增加,意味着所有者权益减少),负债(应付利息)增加450元。

(4) 负债减少,所有者权益等额增加。

【案例1-9】 天源公司核销无法支付的应付账款8 450元。

业务分析:此业务引起以下会计要素之间发生增减变化:负债(应付账款)减少8 450元,所有者权益增加8 450元(营业外收入增加,意味着所有者权益增加)。

对以上4类经济业务发生对会计恒等式的影响予以总结,可以发现:

① 经济业务发生后,必定会影响有关会计要素发生增减变动,且无非是影响资产增减、费用增减、负债增减、所有者权益增减、收入增减。

② 每一项经济业务发生,要影响会计要素的至少两个具体项目发生增减变化。

③ 只涉及会计方程式一边的经济业务,不会引起资金总额的变化,只是会计方程式一边的会计要素内部项目的转化。或是方程式左边内部项目转化,资金总额不变;或是方程式右边内部项目转化,资金总额不变。

④ 只有涉及会计方程式两边的经济业务,才会引起资金总额的变化。或是会计方程式两边项目等量同增,资金总额增加;或是会计方程式两边项目等量同减,资金总额减少。

⑤ 任何一项经济业务的发生,都不会破坏会计方程式的平衡关系,而是在原有平衡的基础上达到新的平衡,资产恒等于权益。

第三节 会计假设和会计原则

一、会计假设

会计假设又称会计核算的基本前提,是指为了保证会计工作的正常进行和会计计量,对会计核算的范围、内容、基本程序和方法所作的限定。因为这些前提条件是对会计核算条件的一些人为限定,并非都可以证明,也就是说假设会计是在一定的条件下进行的。会计核算的基本前提包括会计主体假设、持续经营假设、会计分期假设和货币计量假设。

(一)会计主体假设

1. 会计主体的概念及条件

会计主体是指会计人员服务的特定单位,也就是会计人员对其进行核算的一个特定单位。

独立经营、自负盈亏的单位都可以成为一个会计主体。

2. 会计主体假设的作用

会计主体假设限定了会计核算的空间范围,为会计人员的会计核算提供了立场。

举例:甲单位从乙单位购入商品,站在不同的会计主体角度其核算是不同的,如果以甲单位为主体会计核算为一项购进业务,以乙单位为主体则为销售业务,因而会计核算中必须先设定一个会计主体,否则就无法进行核算。

注意:会计核算的范围只是其会计主体发生的经济业务,不包括其所有者私人的经济活动。

3. 会计主体与法律主体的关系

法律主体是指具有法人资格的单位。因而所有的法律主体都是一个会计主体,但是会计主体不一定都是法律主体。在我国,企业有三种形式,即公司、合伙企业和独资企业,而其中合伙企业和独资企业就不是独立的法律主体,但它们独立经营自负盈亏,向外报送财务会计报告,是会计主体。再比如一些公司的分公司,也不是法律主体,但是会计主体。

总结:会计主体的范畴大于法律主体。法律主体可以是一个会计主体,而会计主体不一定是法律主体。

(二)持续经营假设

1. 持续经营假设的含义

持续经营是指会计主体在可以预见的未来,其经济活动是持续正常进行的,不会面临破产清算。

说明:持续经营是一种与破产清算相反的假设。

2．持续经营假设的作用

持续经营假设规定了会计核算的时间范围。

企业能够对资产按取得时的实际成本计价，按期收回应收款，并按照自己的承诺偿还所负担的债务，对多期受益的费用支出进行摊配等，都是以持续经营为前提的。

3．持续经营假设的局限性

持续经营假设为会计核算设定了一个无限长的时间段，但是会计信息的使用者却要求定期向外提供财务会计信息，因而会计核算必须在持续经营的前提下进行会计分期。

（三）会计分期假设

1．会计分期假设的含义

会计分期是指把会计主体持续不断的经济活动过程，划分为若干个首尾相连、等间距的时间段，每一个时间段称为一个会计期间。会计期间可以是会计年度、季度和月份。

2．会计分期假设的作用

会计分期假设是对持续经营假设的补充，也是对会计核算时间范围的设定。如果没有会计分期假设，会计就无法及时满足信息使用者的信息需求，从而贻误信息使用者的决策。

3．会计年度的设定

会计年度的划分是会计分期假设的要求，会计年度可以与公历年度相同，也可以按照各国会计核算的不同要求以其他月份作为会计年度的起始，如"三月制""七月制""九月制"等。

我国规定以公历每年1月1日起至12月31日止，为一个会计年度。

（四）货币计量假设

1．货币计量假设的含义

货币计量是指对所有会计的对象，采用货币作为统一的尺度进行计量。

2．货币计量假设的作用

货币计量假设为会计核算指定了计量单位。

3．记账本位币

记账本位币是会计核算中用来作为统一的价值尺度进行货币计量的币种。

记账本位币的设定是会计核算的必然要求，因为在世界上有多种货币单位，而一个会计主体只能在其中选择一种作为记账本位币，而其他的货币单位应折算为记账本位币，这样才能保证会计核算的综合性、可比性。

我国《会计法》规定，会计核算以人民币为记账本位币。业务收支以人民币以外的货币为主的单位，也可以选定某种人民币以外的货币作为记账本位币，但向国内报送的财务会计报告应当折算为人民币反映。

4．币值不变假设

货币计量假设还包含币值不变假设，即假设作为计量单位的货币币值稳定，即使币值本身价值发生波动（波动不大），会计核算中也不予考虑，仍按照稳定的币值计量进行会计处理。

币值不变假设是财务会计核算的前提条件，如果该假设发生了相反的变化就是通货膨胀会计研究范围了。

二、会计原则

会计原则也称会计信息质量要求,它是对企业财务报告中所提供会计信息质量的基本要求,是使财务报告中所提供会计信息对投资者决策有用应具备的基本特征,它主要包括:

(一)可靠性

可靠性要求企业应当以实际发生的交易或者事项为依据进行会计确认、计量和报告,如实反映符合确认和计量要求的各项会计要素及其他相关信息,保证会计信息真实可靠,内容完整。

可靠性要求是会计核算的首要要求,因为只有真实可靠的会计信息对于会计信息使用者而言才是有用的,失真的会计信息不仅是无用的,甚至是有害的。所以会计信息真实与否是其质量高低的前提,不符合可靠性的会计信息就没有质量可言了。

依据不可靠的信息进行决策或判断,其后果可想而知。错误或者虚假的会计信息,必然会导致信息使用者决策失误,这不仅仅会损害投资者、债权人等信息使用者的经济利益,而且会严重扰乱社会经济秩序、阻碍社会经济的发展。

(二)相关性

相关性要求企业提供的会计信息应当与财务会计报告使用者的经济决策需要相关,有助于财务会计报告使用者对企业过去、现在或者未来的情况作出评价或者预测。

会计信息的相关性质量特征,是针对整个会计信息使用者群体而不是某一个(位)特定的信息使用者而言的。不同类别的企业会计信息使用者(如投资者、债权人),由于其决策行为的内容不同,因而其各自的信息需求存在差异。例如,虽然投资者和债权人都注重企业整体的经营情况,但投资者更多的是关心企业的盈利能力,而债权人则主要关心企业的偿债能力。

(三)可理解性

可理解性也称明晰性,要求企业提供的会计信息应当清晰明了,便于财务会计报告使用者理解和使用。

企业财务报告在全面、完整反映企业财务状况、经营业绩和现金流量情况的前提下,应当简明扼要、清晰易懂。

(四)可比性

可比性要求企业提供的会计信息应当具有可比性。

同一企业不同时期发生的相同或者相似的交易或者事项,应当采用一致的会计政策,不得随意变更。确需变更的,应当在附注中说明(即"一致",强调同一企业不同时期的可比,即纵向的可比)。

不同企业发生的相同或者相似的交易或者事项,应当采用规定的会计政策、确保会计信息口径一致、相互可比(即"可比",强调不同企业间的可比,即横向的可比)。

由于企业的经济环境总是处于变动之中,而且各个企业经济活动的具体情况千差万别,因此,要求企业的会计信息绝对可比是不现实的。企业在符合相关性和可靠性等质量特征要求的前提下,可以改变现有的会计确认、计量和报告方法。会计信息可比性质量特征的重要意义在于,企业应当把进行会计确认、计量和报告的会计政策和会计政策的变动及其对财务报告的影响明示给会计信息的使用者,使使用者能够鉴别同一企业在不同期间以及不同企业对相同交易和事项所采用会计政策之间的差别。

(五) 实质重于形式

实质重于形式要求企业应当按照交易或者事项的经济实质进行会计确认、计量和报告,不应仅以交易或者事项的法律形式为依据。

在企业的会计实务中,一些交易和事项的实质与其表面的法律形式是不相符合的,这时应该按照交易和事项的实质而并非其法律形式进行会计核算,以更真实可靠地反映企业经济业务活动的情况。

(六) 重要性

重要性要求企业提供的会计信息应当反映与企业财务状况、经营成果和现金流量等有关的所有重要交易或者事项。

在现代社会经济环境中,企业经济活动的内容十分复杂。因而,会计上的经济交易与事项也十分繁杂。从企业经济活动的特征以及会计信息使用者的要求来看,对经济交易与事项的会计处理并不需要"一视同仁"。也就是说,在对企业的经济交易与事项进行确认、计量、记录和报告时,应当区别其重要程度,分别采用不同的会计程序与方法。

(七) 谨慎性

谨慎性要求企业对交易或者事项进行会计确认、计量和报告应当保持应有的谨慎,不应高估资产或者收益、低估负债或者费用。

在会计实务中,谨慎性质量特征主要体现在两个方面:一是确认和计量企业可能发生的损失和费用,如应收账款债权可能面临的坏账损失、受市场影响而产生的资产减值等;二是选用可以低估资产价值的计量方法,如在物价上涨的情况下采用后进先出法对期末存货价值进行计量、按加速折旧法计提固定资产折旧(即采用加速折旧法分摊固定资产成本)等。

(八) 及时性

及时性要求企业对于已经发生的交易或者事项,应当及时进行会计确认、计量和报告,不得提前或者延后。

为保证企业所提供会计信息的及时性,有利于信息使用者的经济决策,我国企业会计制度规定:企业月度、季度、半年度中期财务报告应当分别于会计期间终了后的6天、15天、60天内对外提供(披露),年度财务报告应当于年度终了后4个月内对外提供(披露)。

课 后 习 题

一、单项选择题

1. 会计的基本职能是(　　)。
   A. 反映与分析　　B. 核算与监督　　C. 反映与核算　　D. 控制与监督
2. 会计的对象是指(　　)。
   A. 资金的投入与退出
   B. 企业的各项经济活动
   C. 社会再生产过程中能用货币表现的经济活动
   D. 预算资金运动
3. 凡支出的效益属于一个会计年度的,属于(　　)。
   A. 营业性支出　　B. 营业外支出　　C. 收益性支出　　D. 资本性支出
4. 强调经营成果计算的企业应采用(　　)。
   A. 收付实现制　　B. 实地盘存制　　C. 权责发生制　　D. 永续盘存制
5. 提取坏账准备金这一做法体现的原则是(　　)。
   A. 配比原则　　B. 重要性原则　　C. 谨慎原则　　D. 客观性原则
6. 在会计年度内,如把收益性支出当作资本性支出处理了,则会(　　)。
   A. 本年度虚增资产、虚增收益　　B. 本年度虚减资产、虚增收益
   C. 本年度虚增资产、虚减收益　　D. 本年度虚减资产、虚减收益
7. 会计对各单位经济活动进行核算时,选作统一计量标准的是(　　)。
   A. 劳动量度　　B. 货币量度　　C. 实物量度　　D. 其他量度
8. 存货价格上涨时,下列计价方法中符合谨慎性原则的是(　　)。
   A. 先进先出法　　B. 后进先出法　　C. 加权平均法　　D. 先进后出法
9. 会计方法体系中,其基本环节是(　　)。
   A. 会计预测方法　　B. 会计分析方法　　C. 会计监督方法　　D. 会计核算方法
10. 近代会计形成的标志是(　　)。
    A. 单式记账法的产生　　B. 账簿的产生
    C. 单式记账法过渡到复式记账法　　D. 成本会计的产生
11. 会计的职能是(　　)。
    A. 随经济的发展和会计内容作用不断扩大而发展的
    B. 随生产关系的变更而发展
    C. 永恒不变的
    D. 只有在社会主义制度下才发展
12. 传统的会计主要是(　　)。
    A. 记账算账报账　　B. 预测控制分析　　C. 记账算账查账　　D. 记账算账分析
13. 配比原则是指(　　)。
    A. 收入与支出相互配比　　B. 收入与营业费用相配比
    C. 收入与产品成本相配比　　D. 收入与其相关的成本费用相配比

14. 财产物资计价的原则是（　　）。
    A. 权责发生制原则　　　　　　　　B. 配比原则
    C. 历史成本原则　　　　　　　　　D. 收付实现制原则
15. 下列支出属于资本性支出的有（　　）。
    A. 支付职工工资　　　　　　　　　B. 支付当月水电费
    C. 支付本季度房租　　　　　　　　D. 支付固定资产买价
16. 会计从生产职能中分离出来，成为独立的职能，是在（　　）。
    A. 出现市场经济之后　　　　　　　B. 出现复式簿记之后
    C. 出现阶级之后　　　　　　　　　D. 出现剩余产品之后
17. 进行会计核算提供的信息应当以实际发生的经济业务为依据，如实反映财务状况和经营成果，这符合（　　）。
    A. 历史成本原则　B. 配比原则　C. 客观性原则　D. 可比性原则
18. 各企业单位处理会计业务的方法和程序在不同会计期间要保持前后一致，不得随意变更，这符合（　　）。
    A. 有用性原则　B. 可比性原则　C. 一贯性原则　D. 重要性原则
19. 企业于4月初用银行存款1 200元支付第二季度房租，4月末仅将其中的400元计入本月费用，这符合（　　）。
    A. 配比原则　　　　　　　　　　　B. 权责发生制原则
    C. 收付实现制原则　　　　　　　　D. 历史成本计价原则
20. 确定会计核算工作空间范围的前提条件是（　　）。
    A. 会计主体　　B. 持续经营　　C. 会计分期　　D. 货币计量

二、多项选择题

1. 清晰性原则中强调应当清晰明了的内容有（　　）。
    A. 会计记录　　　　B. 会计制度　　　　C. 会计凭证
    D. 会计报表　　　　E. 会计账簿
2. 历史成本计价原则的优点有（　　）。
    A. 交易确定的金额比较客观　　　　B. 存货成本接近市价
    C. 有原始凭证作证明可随时查证　　D. 可防止企业随意改动
    E. 会计核算手续简化，不必经常调整账目
3. 下列属于会计确认与计量方面的原则有（　　）。
    A. 配比原则　　　　B. 谨慎性原则　　　　C. 可比性原则
    D. 权责发生制原则　　E. 历史成本计价原则
4. 下列项目中，属于资本性支出的内容有（　　）。
    A. 固定资产日常修理费　　　　　　B. 购置无形资产支出
    C. 固定资产交付使用前的利息支出　D. 水电费支出
    E. 办公费支出
5. 会计主体前提条件解决并确定了（　　）。
    A. 会计核算的空间范围　　　　　　B. 会计核算的时间范围
    C. 会计核算的计量问题　　　　　　D. 会计为谁记账问题

E. 会计核算的标准质量问题

6. 下列属于保证会计信息质量要求的原则有( )。
   A. 客观性原则　　　B. 可比性原则　　　C. 一贯性原则
   D. 谨慎性原则　　　E. 及时性原则

7. 按权责发生制原则要求,下列收入或费用应归属本期的是( )。
   A. 对方暂欠的本期销售产品的收入　B. 预付明年的保险费
   C. 本月收回的上月销售产品的货款　D. 尚未付款的本月借款利息
   E. 摊销前期已付款的报刊费

8. 在制造业企业经营过程中,其经营资金的主要变化方式是( )。
   A. 货币资金转化为储备资金、固定资金　B. 储备资金转化为成品资金
   C. 储备资金转化为生产资金　　　　　　D. 生产资金转化为成品资金
   E. 成品资金转化为货币资金

9. 会计核算的前提条件包括( )。
   A. 会计主体　　　　B. 客观性原则　　　C. 持续经营
   D. 会计分期　　　　E. 货币计量

10. 会计主体应具备的条件是( )。
    A. 必须为法人单位　　　　　　　　B. 具有一定数量的经济资源
    C. 独立从事生产经营活动或其他活动　D. 实行独立核算
    E. 盈利企业

11. 会计核算方法包括( )。
    A. 试算平衡方法　　　　　　　　B. 填制和审核凭证
    C. 设置会计科目和复式记账　　　D. 成本计算和财产清查
    E. 登记账簿和编制会计报表

12. 下列支出属于收益性支出的有( )。
    A. 支付当月办公费　　　　　　　B. 当月银行借款利息支出
    C. 购置设备支出　　　　　　　　D. 工资支出
    E. 开办费支出

13. 会计的监督包括( )。
    A. 事前监督　　　　B. 事中监督　　　　C. 外部监督
    D. 事后监督　　　　E. 上级监督

14. 可比性原则强调的一致是指( )。
    A. 会计处理方法一致　　　　　　B. 企业前后期一致
    C. 会计指标计算口径一致　　　　D. 横向企业间一致
    E. 收入和费用一致

15. 会计从数量方面反映各单位经济活动可以采用的量度包括( )。
    A. 计量尺度　　　　B. 劳动量度　　　　C. 实物量度
    D. 货币量度　　　　E. 可比量度

16. 存货在物价上涨时的计价采用后进先出法,这符合会计一般原则中的( )。
    A. 谨慎性原则　　　B. 稳健性原则　　　C. 历史成本原则

D. 审慎性原则　　　　E. 可比性原则

17. 会计反映职能的特点是（　　）。
    A. 反映已发生的经济业务　　B. 具有完整性、连续性、系统性
    C. 主要计量手段是货币　　　D. 可以预测未来
    E. 检查经济活动的合法性

18. 会计的目标就是为有关方面提供有用的信息，针对企业来说，会计提供的信息应当（　　）。
    A. 符合国家宏观经济管理的要求
    B. 满足各方了解企业财务状况和经营成果的需要
    C. 满足企业内部经营管理的需要
    D. 提供企业成本核算资料
    E. 以上都不对

19. 按照收付实现制原则的要求，下列收入和费用应计入本期的有（　　）。
    A. 本期提供劳务已收款　　B. 本期提供劳务未收款
    C. 本期欠付的费用　　　　D. 本期预付后期的费用
    E. 本期支付上期的费用

20. 根据谨慎性原则的要求，对企业可能发生的损失和费用，做出合理预计，通常做法有（　　）。
    A. 对应收账款计提坏账准备　　B. 固定资产加速折旧
    C. 对财产物资按历史成本计价　D. 存货计价采用后进先出法
    E. 对长期投资提取跌价准备

三、判断题

1. 会计主体是指企业法人。（　　）
2. 会计计量单位只有一种，即货币计量。（　　）
3. 我国所有企业的会计核算都必须以人民币作为记账本位币。（　　）
4. 谨慎性原则要求会计核算工作中做到不夸大企业资产，不虚增企业费用。（　　）
5. 会计核算的完整性是指对所有的经济活动都要进行计量、记录和报告。（　　）
6. 会计核算必须以实际发生的经济业务及证明经济业务发生的合法性凭证为依据，表明会计核算应当遵循真实性原则。（　　）
7. 企业选择一种不导致虚增资产、多计利润的做法，所遵循的是会计的真实性原则。（　　）
8. 会计的方法就是会计核算的方法。（　　）
9. 在会计核算方法体系中，其主要的工作程序是填制和审核凭证、登记账簿和编制会计报表。（　　）
10. 一贯性原则是指会计处理方法在不同企业应当一致，不得随意变更。（　　）

第二章 会计科目与复式记账法

内容提要

本章主要介绍了设置账户和复式记账两种会计核算专门方法的基本原理。本章以第一章中会计等式知识为基础,在理解各个会计要素之间的相互关系的基础之上,进一步讲解会计科目与账户,并着重介绍了借贷记账法的基本内容。

学习目标与要求

掌握会计科目与账户的内容与分类,区分各类账户的不同性质和含义,理解各类账户之间的区别和联系,明确会计科目的作用以及科目内容和科目级次,进而掌握设置账户的必要性以及账户的基本结构。掌握借贷记账的理论与方法、记账规则和试算平衡。

第一节 会 计 科 目

一、会计科目的含义

企业在生产经营过程中不断地发生各种各样的经济业务,经济业务的发生又必然引起会计要素的有关项目发生增减变动。为了分门别类地反映和监督各项经济业务,以及由此引起的各项会计要素的增减变动情况,就必须通过设置会计科目,对会计对象的具体内容进行科学的分类,并根据其内容特征对每一类别取一个名称。

会计科目就是对会计对象的具体内容(会计要素)进行科学分类的项目。每一个会计科目都应有其特定的经济内容。

例如,企业有各种建筑物、机器设备等,这些资产有一个共性,就是劳动资料。它们与生产产品所耗用的材料不同,材料具有劳动对象的性质,因此,建筑物、机器设备与各种材料就不能归为一类,两者必须分开。把建筑物、机器设备等归为一类,根据其特点取名为"固定资产"。企业的各种材料,虽然具体品种和形态各式各样、千姿百态,但其共性都是劳动对象,因此,把它们归为一类,根据其特点取名为"原材料"。

又如企业的资金来源,有的是投资者投资形成的,有的是企业负债形成的。为了核算投资者实际投入的资本,设置"实收资本"科目。企业所欠的债务各种各样,为了核算所欠供货单位的货款,设置"应付账款"科目。为了核算企业应缴的税费,设置"应交税费"科目。

会计科目的设置为全面、系统、分类地反映和监督各项经济业务的发生情况以及由此而引起的各项会计要素的增减变动情况创造了条件。

二、会计科目的设置原则

设置会计科目是正确组织会计核算的一个重要条件。为了使会计科目科学、合理、适用,设置会计科目一般应遵循以下基本原则:

（一）必须结合会计对象的特点

会计科目是对会计对象的具体内容进行分类的项目,因此,必须结合会计对象的特点来设置。所设置的会计科目应能保证全面、系统地反映会计对象的全部内容,不能有任何遗漏。同时,所设置的会计科目还必须体现不同会计主体、会计对象的特点。

例如,制造企业是生产产品的单位,根据这一业务特点就必须设置核算和监督生产过程的会计科目,如"生产成本""制造费用"等;而商业企业的业务特点是进行商品购销,根据其业务特点应设置"商品进销差价"等会计科目;行政事业单位是完成国家赋予的特殊任务的单位,应根据其业务特点设置"拨入经费""经费支出"等会计科目。

（二）必须符合经济管理的要求

各个会计主体对经济管理的要求不同,同一个会计主体的内部经济管理的要求与外部有关方面对会计信息的要求也不完全相同,这就要求在设置会计科目时,既要符合不同会计主体经济管理的要求,又要兼顾会计主体内部和外部两方面对会计信息的需要。

（三）必须把统一性与灵活性相结合

为了适应宏观经济管理的需要,我国的会计科目是由财政部统一制定的。但在保证统一性和符合有关制度规定的前提下,会计科目的设置还应保持一定的灵活性,以便于企业能根据自己的实际需要,对制度规定的会计科目进行必要的增加、减少或合并。

（四）必须保持相对稳定

为了便于会计核算资料的综合汇总和不同时期的对比分析,会计科目的名称、核算内容应保持相对稳定。

（五）会计科目必须含义明确,通俗易懂

为了准确无误地使用会计科目,所设置的会计科目应含义明确,通俗易懂。对每一个会计科目的特定核算内容必须严格明确地界定。会计科目的名称应与其核算内容一致,各个会计科目的核算内容互相排斥,不同的会计科目不能有相同的核算内容,这是保证会计核算统一性和准确性的重要条件。

三、会计科目分类

(一) 按会计科目的经济内容分类

会计科目按其经济内容不同,可以分为资产类、负债类、所有者权益类、共同类、成本类和损益类等六大类。每一大类会计科目又可按一定标准分为若干小类。

1. 资产类科目

按资产的流动性分为流动资产科目和非流动资产(长期资产)科目。流动资产科目有"库存现金""银行存款""原材料""库存商品""应收账款""其他应收款"等;非流动资产科目有"长期股权投资""固定资产""累计折旧""无形资产""长期待摊费用"等。资产类科目是资产要素的进一步分类。目前我国《企业会计准则——应用指南》规范了69个资产类科目。

2. 负债类科目

按负债偿还期限的长短分为流动负债科目和非流动负债(长期负债)科目。流动负债科目有"短期借款""应付账款""其他应付款""应交税费""应付职工薪酬""应付股利"等;非流动负债科目有"长期借款""应付债券""长期应付款"等。负债类科目是负债要素的进一步分类。目前我国《企业会计准则——应用指南》规范了35个负债类科目。

3. 所有者权益类科目

按其形成和性质分为资本科目和留存收益科目。资本科目有"实收资本"和"资本公积";留存收益科目有"盈余公积""本年利润""利润分配"等。所有者权益类科目对应于利润和所有者权益两个要素,是利润和所有者权益两个要素的进一步分类。目前我国《企业会计准则——应用指南》规范了7个所有者权益类科目。

4. 共同类科目

这类科目是指既具有资产性质、又具有负债性质的科目,具有共同性特征。这类科目包括"衍生工具""套期工具""货币兑换"等。目前我国《企业会计准则——应用指南》规范了5个共同类科目。

5. 成本类科目

这类科目包括"生产成本""制造费用""劳务成本""建造成本"等,反映费用的归集与分配和成本的形成,是营业成本确定补偿价值的依据。成本类科目属于资产要素,是资产要素部分内容的进一步分类。目前我国《企业会计准则——应用指南》规范了7个成本类科目。

6. 损益类科目

这类科目包括收入性科目和费用性科目。收入性科目包括"主营业务收入""其他业务收入""投资收益""营业外收入"等;费用性科目包括"主营业务成本""其他业务成本""税金及附加""销售费用""管理费用""财务费用""营业外支出""所得税费用"等。收入性科目对应于收入要素,是收入要素的进一步分类。费用性科目属于费用要素,是费用要素的进一步分类。目前我国《企业会计准则——应用指南》规范了33个损益类科目。

(二) 按会计科目的详细程度分类

会计科目按其详细程度不同,可分为总分类科目和明细分类科目。

1. 总分类科目

亦称总账科目或一级科目,它是对会计对象的具体内容(会计要素)进行总括分类的项目。总分类科目一般由财政部通过《企业会计准则——应用指南》统一规定。

2. 明细分类科目

它是对总分类科目进一步分类的项目。明细分类科目一般由企业根据实际情况自行确定。

在实际工作中,如果某一总分类科目所属的明细分类科目太多,可以增设二级科目(亦称子目)。二级科目是介于总分类科目和明细科目(亦称细目)之间的科目。子目和细目统称为明细分类科目。下面以原材料为例说明总分类科目与明细分类科目之间的关系,如表2.1所示。

表2.1 总分类科目与明细分类科目的关系

总分类科目 (总账科目或一级科目)	明 细 分 类 科 目	
	二级科目(子目)	明细科目(细目)
原材料	原料及主要材料	甲材料 乙材料
	辅助材料	润滑油 油漆
	燃料	焦炭 汽油

为了适应会计电算化的需要,提高账务处理效率,应对每个一级会计科目进行编号。会计科目的编号方法有多种,我国《企业会计准则——应用指南》规定采用四位数值的数字编号法。如1001库存现金、1002银行存款、2201应付票据、2202应付账款、4001实收资本、4101盈余公积、5001生产成本、6001主营业务收入、6051其他业务收入等。每一编号的含义是:从左至右第一位数码表示会计科目的性质,如"1"字开头表示资产类科目,"2"字开头表示负债类科目;"3"字开头表示共同类科目;"4"字开头表示所有者权益类科目,"5"字开头表示成本类科目;"6"字开头表示损益类科目。其余数码表示会计科目的小类及其顺序号,在某些小类会计科目编号之间预留一定的空号,以便增补新的科目。这种编号方法具有清晰明了和灵活性强的优点。

本书常用的会计科目(一级科目)及其编号如表2.2所示。

表2.2 会计科目表

编号	科目名称	解 释
一	资产类	
1	1001 库存现金	库存现金是指单位为了满足经营过程中零星支付需要而保留的现金
2	1002 银行存款	银行存款是指企业存放在银行和其他金融机构的货币资金

续表

编号	科目名称	解释
3	1012 其他货币资金	是指企业除现金和银行存款以外的其他各种货币资金,即存放地点和用途均与现金和银行存款不同的货币资金
4	1101 交易性金融资产	企业为交易目的所持有的债券投资、股票投资、基金投资等交易性金融资产的公允价值
5	1121 应收票据	企业因销售商品、提供劳务等而收到的商业汇票,包括银行承兑汇票和商业承兑汇票
6	1122 应收账款	企业因销售商品、提供劳务等经营活动应收取的款项
7	1123 预付账款	企业按照合同规定预付的款项
8	1131 应收股利	企业应收取的现金股利和应收取其他单位分配的利润
9	1132 应收利息	企业交易性金融资产、债权投资、其他债权投资、发放贷款、存放中央银行款项、拆出资金、买入返售金融资产等应收取的利息
10	1221 其他应收款	是指企业除应收票据、应收账款、预付账款等以外的其他各种应收及暂付款项
11	1231 坏账准备	企业应收款项(含应收账款和其他应收款)的坏账准备
12	1401 材料采购	企业采用计划成本进行材料日常核算而购入材料的采购成本
13	1402 在途物资	企业采用实际成本(或进价)进行材料、商品等物资的日常核算、货款已付尚未验收入库的在途物资的采购成本
14	1403 原材料	企业库存的各种材料
15	1404 材料成本差异	企业采用计划成本进行日常核算的材料计划成本与实际成本的差额
16	1405 库存商品	是指企业已完成全部生产过程并已验收入库,合乎标准规格和技术条件,可以按照合同规定的条件送交订货单位,或可以作为商品对外销售的产品以及外购或委托加工完成验收入库用于销售的各种商品
17	1406 发出商品	企业未满足收入确认条件但已发出商品的实际成本(或进价)或计划成本(或售价)
18	1407 商品进销差价	企业采用售价进行日常核算的商品售价与进价之间的差额
19	1408 委托加工物资	企业委托外单位加工的各种材料、商品等物资的实际成本
20	1411 周转材料	企业周转材料的计划成本或实际成本
21	1471 存货跌价准备	企业存货的跌价准备
22	1501 债权投资	是指到期日固定、回收金额固定或可确定,且企业有明确意图和能力持有至到期的非衍生金融资产
23	1502 债权投资减值准备	企业债权投资的减值准备
24	1503 其他权益工具投资	企业持有的其他权益工具投资的公允价值
25	1511 长期股权投资	企业持有的采用成本法和权益法核算的长期股权投资

续表

编号	科目名称	解释
26	1512 长期股权投资减值准备	企业长期股权投资的减值准备
27	1521 投资性房地产	是指为赚取租金或资本增值,或两者兼有而持有的房地产。投资性房地产应当能够单独计量和出售
28	1531 长期应收款	企业的长期应收款项
29	1532 未实现融资收益	企业分期计入租赁收入或利息收入的未实现融资收益
30	1601 固定资产	是指企业使用期限超过1年的房屋、建筑物、机器、机械、运输工具以及其他与生产、经营有关的设备、器具、工具等。企业持有的固定资产原价
31	1602 累计折旧	企业固定资产的累计折旧。指企业在报告期末提取的各年固定资产折旧累计数。该指标按会计"资产负债表"中"累计折旧"项的期末数填列
32	1603 固定资产减值准备	企业固定资产的减值准备。是指由于固定资产市价持续下跌,或技术陈旧、损坏、长期闲置等原因导致其可收回金额低于账面价值的,应当将可收回金额低于其账面价值的差额作为固定资产减值准备
33	1604 在建工程	正在建设尚未竣工投入使用的建设项目
34	1605 工程物资	企业为在建工程准备的各种物资的成本。在资产负债表中并入在建工程项目
35	1606 固定资产清理	是指固定资产的报废和出售,以及因各种不可抗力的自然灾害而遭到损坏和损失的固定资产所进行的清理工作
36	1701 无形资产	是指企业拥有或者控制的没有实物形态的可辨认非货币性资产
37	1702 累计摊销	企业对使用寿命有限的无形资产计提的累计摊销
38	1703 无形资产减值准备	企业无形资产的减值准备
39	1711 商誉	是指能在未来期间为企业经营带来超额利润的潜在经济价值,或一家企业预期的获利能力超过可辨认资产正常获利能力(如社会平均投资回报率)的资本化价值
40	1801 长期待摊费用	是指企业已经支出,但摊销期限在1年以上(不含1年)的各项费用
41	1811 递延所得税资产	递延到以后缴纳的税款,递延所得税是时间性差异对所得税的影响,在纳税影响会计法下才会产生递延税款
42	1901 待处理财产损溢	企业在清查财产过程中查明的各种财产盘盈、盘亏和毁损的价值
二	负债类	
43	2001 短期借款	企业向银行或其他金融机构等借入的期限在1年以下(含1年)的各种借款
44	2201 应付票据	企业购买材料、商品和接受劳务供应等开出、承兑的商业汇票,包括银行承兑汇票和商业承兑汇票

续表

编号	科目名称	解释
45	2202 应付账款	企业因购买材料、商品和接受劳务等经营活动应支付的款项
46	2203 预收账款	预收账款科目核算企业按照合同规定或交易双方之约定,而向购买单位或接受劳务的单位在未发出商品或提供劳务时预收的款项
47	2211 应付职工薪酬	企业根据有关规定应付给职工的各种薪酬
48	2221 应交税费	企业按照税法等规定计算应交纳的各种税费
49	2231 应付利息	是指企业按照合同约定应支付的利息
50	2232 应付股利	是指企业经董事会或股东大会,或类似机构决议确定分配的现金股利或利润
51	2241 其他应付款	企业除应付票据、应付账款、预收账款、应付职工薪酬、应付利息、应付股利、应交税费、长期应付款等以外的其他各项应付、暂收的款项
52	2401 递延收益	是指尚待确认的收入或收益,也可以说是暂时未确认的收益
53	2501 长期借款	长期借款是指企业向银行或其他金融机构借入的期限在一年以上(不含一年)或超过一年的一个营业周期以上的各项借款
54	2502 应付债券	企业为筹集(长期)资金而发行债券的本金和利息
55	2701 长期应付款	企业除长期借款和应付债券以外的其他各种长期应付项
56	2702 未确认融资费用	是融资租入固定资产所发生的应在租赁期内各个期间进行分摊的未实现的融资费用
57	2711 专项应付款	指企业接受国家拨入的具有专门用途的拨款
58	2801 预计负债	核算企业根据或有事项等相关准则确认的各项预计负债,包括对外提供担保、未决诉讼、产品质量保证、重组义务以及固定资产和矿区权益弃置义务等产生的预计负债
59	2901 递延所得税负债	企业确认的应纳税暂时性差异产生的所得税负债
三	共同类(略)	
四	所有者权益类	
60	4001 实收资本	是指投资者按照企业章程或合同、协议的约定,实际投入企业的资本。它是企业注册登记的法定资本总额的来源,它表明所有者对企业的基本产权关系
61	4002 资本公积	企业收到投资者出资额超出其在注册资本或股本中所占份额的部分
62	4101 盈余公积	是指公司按照规定从净利润中提取的各种积累资金
63	4103 本年利润	用来核算企业当年实现的净利润(或发生的净亏损)的会计科目

续表

编号	科目名称	解　释
64	4104 利润分配	是指企业根据国家有关规定和企业章程、投资者的协议等,对企业当年可供分配的利润所进行的分配
65	4201 库存股	企业收购、转让或注销的本公司股份金额
五	成本类	
66	5001 生产成本	核算企业进行工业性生产所发生的各项生产费用
67	5101 制造费用	企业为生产产品和提供劳务而发生的各项间接成本
68	5301 研发支出	企业进行研究与开发无形资产过程中发生的各项支出
六	损益类	
69	6001 主营业务收入	企业确认的销售商品、提供劳务等主营业务的收入
70	6051 其他业务收入	企业确认的除主营业务活动以外的其他经营活动实现的收入
71	6061 汇兑损益	由于汇率的浮动所产生的结果
72	6101 公允价值变动损益	因为公允价值的变动而引发的损失或是收益
73	6111 投资收益	是对外投资所取得的利润、股利和债券利息等收入减去投资损失后的净收益
74	6301 营业外收入	是指与企业生产经营活动没有直接关系的各种收入
75	6401 主营业务成本	是指公司生产和销售与主营业务有关的产品或服务所必须投入的直接成本
76	6402 其他业务成本	核算企业除主营业务活动以外的其他经营活动所发生的成本
77	6403 税金及附加	反映企业经营主要业务应负担的消费税、城市维护建设税、资源税、土地增值税和教育费附加等
78	6601 销售费用	企业在销售产品、材料、自制半成品和提供劳务等过程中发生的费用
79	6602 管理费用	是指企业行政管理部门为管理和生产经营活动而发生的各种费用
80	6603 财务费用	是指企业为筹集资金而发生的各种费用
81	6701 资产减值损失	是指因资产的账面价值高于其可收回金额而造成的损失。新会计准则规定资产减值范围主要是固定资产、无形资产以及除特别规定外的其他资产减值的处理
82	6711 营业外支出	是指企业发生的与企业日常生产经营活动无直接关系的各项支出
83	6801 所得税费用	核算企业负担的所得税
84	6901 以前年度损益调整	是指企业对以前年度多计或少计的重大盈亏数额所进行的调整

第二节 账 户

一、账户的概念

设置账户是会计核算的重要方法之一。账户是根据会计科目设置的,具有一定格式和结构,用以分类反映会计要素增减变动情况及其结果的载体。账户以会计科目作为名称,同时又具备一定的格式(即结构),能记录经济业务。

利用具有一定结构的账户记录交易或事项,有利于有类别地、连续系统地记录和反映各项经济业务及其所引起的有关会计要素具体内容的增减变化及其结果。会计科目是对会计对象的具体内容进行的分类,但它只有分类的名称而没有一定的格式,故还不能把发生的经济业务连续、系统地记录下来,以取得经营管理所需的信息资料。因此,还必须根据规定的会计科目设置账户。

二、账户的结构

为了在账户中记录经济业务的具体内容,账户要有一定的结构。由于各项经济业务发生所引起的各项会计要素的变化,从数量上看不外乎是增加和减少两种情况。因此,用来分类记录经济业务的账户,在结构上也相应地分为两个基本部分。这就形成账户的基本结构:一个账户分为左、右两方,以一方登记增加额,另一方登记减少额。账户的基本结构一般应包括下列内容:

(1) 账户名称,登记开设该账户所使用的会计科目。
(2) 日期,记录经济业务到该账户的日期。
(3) 凭证字号,登记经济业务所依据的记账凭证的类型和编号。
(4) 摘要,登记经济业务内容的简要说明。
(5) 对应科目,登记经济业务所涉及的对应科目。
(6) 金额,登记经济业务到账户中的金额,包括增加额、减少额和余额。

以借贷记账法为例,"原材料"总分类账户的基本结构如表 2.3 所示。

表 2.3 原材料总分类账户的基本结构

会计科目:原材料　　　　　　　　　　　　　　　　　　　　单位:

年		凭证		摘要	对应科目	借方	贷方	借或贷	余额
月	日	字	号						

为便于说明和方便教学演示,上述账户基本结构常常被简化为"T"形账户。仍以借贷记账法为例,"原材料"总分类账户的"T"形账户结构如表2.4所示。

表2.4 原材料总分类账户的"T"形账户结构

借方(左方)	原材料	贷方(右方)
期初余额××××		
增加额×××× ………		减少额×××× ………
本期增加额×××× 期末余额××××		本期减少额××××

至于在账户的左右两方中,用哪一方登记增加额,用哪一方登记减少额,则取决于所采用的记账方法和该账户所反映的经济内容(该账户的性质)。相关内容将在下节说明。

通过账户记录的金额,可以提供期初余额、本期增加额、本期减少额和期末余额四个核算指标。

本期增加额,亦称本期增加发生额,是指一定时期内账户所登记的增加额的合计数。

本期减少额,亦称本期减少发生额,是指一定时期内账户所登记的减少额的合计数。

账户左方金额总计与右方金额总计相抵后的差额,叫期末余额。本期的期末余额就是下期的期初余额。

账户期末余额的计算公式如下:

$$期末余额 = 期初余额 + 本期增加额 - 本期减少额$$

各个账户的本期增加额和本期减少额反映的是动态指标,可以提供一定时期内各项会计要素的增减变动情况。各个账户余额反映的是静态指标,可以提供各项会计要素在一定日期的状况,即一定时期内增减变动的结果。

三、账户的分类

(一) 按照内容分类

账户按经济内容分类的实质是按照会计对象的具体内容进行的分类。如前所述,经济组织的会计对象就其具体内容而言,可以归结为资产、负债、所有者权益、收入、费用和利润六个会计要素。由于利润一般隐含在收入与费用的配比中。因此,从满足管理和会计信息使用者需要的角度考虑,账户按其经济内容可以分为资产类账户、负债类账户、所有者权益类账户、成本类账户和损益类账户等五类。

1. 资产类

资产类账户按照反映流动性快慢的不同可以再分为流动资产类账户和非流动资产类账户。流动资产类账户主要有:现金、银行存款、短期投资、应收账款、原材料、库存商品、待摊费用等;非流动资产类账户主要有长期股权投资、固定资产、累计折旧、无形资产、长期待摊费用等。

2. 负债类

负债类账户按照反映流动性强弱的不同可以再分为流动性负债类账户和长期负债类账

户。流动性负债类账户主要有短期借款、应付账款、应付职工薪酬、应交税费、预收账款等;长期负债类账户主要有长期借款、应付债券、长期应付款等。

3. 权益类

所有者权益类账户按照来源和构成的不同可以再分为投入资本类所有者权益账户和资本积累类所有者权益账户。投入资本类所有者权益账户主要有实收资本、资本公积等;资本积累类所有者权益账户主要有盈余公积、本年利润、利润分配等。

4. 成本类

成本类账户按照是否需要分配可以再分为直接计入类成本账户和分配计入类成本账户。直接计入类成本账户主要有生产成本(包括基本生产成本、辅助生产成本)等;分配计入类成本账户主要有制造费用等。

5. 损益类

损益类账户按照性质和内容的不同可以再分为营业损益类账户和非营业损益类账户。营业损益类账户主要有主营业务收入、主营业务成本、税金及附加、其他业务收入、其他业务成本、投资收益等;非营业损益类账户主要有营业外收入、营业外支出、销售费用、管理费用、财务费用等。

(二) 按照提供信息详细程度分类

账户是根据会计科目来开设的,会计科目按照提供信息的详细程度分为总分类科目和明细分类科目。所以账户按照提供信息的详细程度也可以分为总分类账户和明细分类账户。

1. 总分类账户

总分类账户简称总账,用来提供总括的核算指标。为了便于企业编制会计凭证、汇总资料和编制会计报表,总分类账户的名称、核算内容及使用方法通常是统一制定的。每一个企业都要根据本企业经济业务的特点和统一制定的会计科目,设置若干个总分类账户。总分类账户一般只能用货币单位计量。如,根据"原材料"科目开设的"原材料"账户,能够反映企业所拥有的库存材料的总额。

2. 明细分类账户

明细分类账户简称明细账,用来提供详细核算资料的账户。明细分类账户是依据企业经济业务的具体内容设置的,它所提供的明细核算资料主要是满足企业内部经营管理的需要。各个企业、单位的经济业务具体内容不同,经营管理的水平不一致,明细分类账户的名称、核算内容及使用方法也就不能统一规定,只能由各企业、单位根据经营管理的实际需要和经济业务的具体内容自行规定。明细分类账户可以用货币单位、实物单位来计量。如,根据"应收账款"科目下属的各明细科目开设的甲单位明细账、乙单位明细账,就可以具体了解企业应向甲、乙两单位收取的货款金额。又如,根据"原材料"科目下属的明细科目开设的"钢材""木材"等明细账户,就可以具体了解企业拥有的各种材料的种类、数量和金额。

如果某一总分类账户所属的明细分类账户较多,为了便于控制,还可增设二级账户。二级账户是介于总分类账户和明细分类账户之间的账户。它也是由企业、单位根据经营管理的实际需要和经济业务的具体内容自行确定的。

总账和明细账核算内容相同,它们提供的核算资料相互补充,具有相互配合的关系。总账和明细账之间是控制与被控制、统驭与被统驭的关系。总账对其所属明细账起着统驭作用,明细账则对其所隶属的总账起着辅助作用。

四、会计科目与账户关系

会计科目和账户在会计学中是两个不同的概念,两者之间既有联系又有区别。

(一)会计科目与账户的联系

1. 名称相同

账户是根据会计科目设置的,会计科目是账户的名称。也就是说,规定什么会计科目,就要开设什么账户,每个账户都要冠以会计科目作为它的名称,用以说明这个账户反映的经济内容。

2. 内容相同

账户与会计科目所包含的特定经济内容完全相同,都是对会计要素进行分类的结果。

3. 分类一致

两者都是对会计对象的具体内容(即会计要素)进行的分类,其分类的标准和结果一致。

(二)会计科目与账户的区别

1. 工具不同

会计科目仅说明反映的经济内容是什么,并非核算工具;而账户不仅说明反映的经济内容是什么,而且还是系统地反映经济业务、提供核算资料的重要工具。因此,设置账户是会计核算方法的组成部分,而会计科目则不是。

2. 作用不同

会计科目主要是为设置账户、填制记账凭证所用;而账户主要是分类提供会计核算资料,为编制会计报表所用。

3. 结构不同

会计科目可以脱离账簿而独立存在,不具备格式和结构;而账户则是根据事先确定的会计科目在账簿中开设的户头(户名),具有专门的格式和结构。

由于会计科目与账户之间存在着密切的联系,因此,在实际工作中,人们往往把会计科目作为账户的同义语使用。

第三节 复式记账法

一、记账方法概述

记账方法是指在账户中登记经济业务的方法。具体来说,就是根据一定的记账原理和规则,运用货币计量单位,利用文字和数字记录经济业务的一种专门方法。一种记账方法一般应包括记录经济业务的方式、理论依据、记账符号、账户设置与结构、记账规则和试算平衡方法等要素。

按其记录经济业务方式的不同,记账方法可以分为单式记账法和复式记账法两大类。

（一）单式记账法

单式记账法是指对发生的每一项经济业务,只在一个账户中进行记录的记账方法。

例如,用现金100元购买材料。记账时,只在"库存现金"账户中作减少100元的记录,而材料的增加情况不在相关账户中记录。单式记账法是一种比较简单、不完整的记账方法,其通常只记录现金收付和债权债务结算业务。因此,一般只设置"库存现金""银行存款"和债权、债务账户,而没有一套完整的账户体系,账户之间的记录没有直接联系,各账户之间也形不成相互平衡的关系。

所以,单式记账法不能全面、系统地反映经济业务的来龙去脉,也不可能对一定时期内全部经济业务的会计记录进行全面的试算平衡,也不便于检查账户记录的正确性和完整性。

（二）复式记账法

复式记账法是指对发生的每一项经济业务,都以相等的金额在相互联系的两个或两个以上的账户中进行登记的一种记账方法。

例如,上述用现金100元购买材料的业务,按照复式记账法,就要一方面在"库存现金"账户中作减少100元的记录,另一方面在"原材料"账户中作增加100元的记录。由于任何一项经济业务的发生都会引起有关会计要素的至少两个具体项目发生增减变动,而且增减的金额相等,因此,为了全面、系统地反映和监督经济活动过程,对发生的每一项经济业务,都应该以相等的金额同时在两个或两个以上的账户中进行登记,复式记账法正好满足了这一要求。

复式记账法与单式记账法相比较,具有以下特点:
(1) 设置完整的账户体系,全面反映和监督所有的经济业务;
(2) 对每项经济业务都在至少两个账户中作双重记录,反映每项经济业务的来龙去脉;
(3) 对每项经济业务都以相等的金额在有关账户中进行记录,便于对记录的结果进行试算平衡,检查账户记录的正确性。

从复式记账法的特点可知,复式记账法是一种科学的记账方法。我国会计记账曾采用的复式记账法有借贷记账法、增减记账法和收付记账法等。借贷记账法是历史上第一种复式记账法,也是当前世界各国普遍采用的一种记账方法,是现代会计中最具代表性的一种科学的复式记账法。为了同国际惯例一致,适应我国对外开放的需要,我国于2006年2月颁布的《企业会计准则——基本准则》中明确规定"企业应当采用借贷记账法记账",规定了我国所有企业在进行会计核算时都必须统一采用借贷记账法。

二、借贷记账法

按照复式记账法,每一笔经济业务的增减变化都要在两个或两个以上的账户中进行登记,形成账户记录。但经济业务的增加额和减少额如何在账户中记录,却并未作说明。如何将经济业务登记到账户中,采用不同的记账方法,其登记的方式和方法均不相同。

复式记账的方法有过多种,比如我国采用过的收付记账法、增减记账法等,在账户中的记录方法都不尽相同,但均属于复式记账法。借贷记账法也是一种复式记账法,它产生于13世纪的意大利,开始是单式记账,以后逐步发展为复式记账,成为迄今世界各国广泛采用的一种复式记账法。目前也为我国的企事业单位普遍采用。

借贷记账法以"借""贷"二字作为记账符号,反映各项会计要素增减变动情况的一种记账方法。

"借""贷"两字的含义,最初是从借贷资本家的角度来解释的,即用来表示债权(应收款)和债务(应付款)的增减变动。借贷资本家对于收进的存款,记在贷主的名下,表示债务;对于付出的放款,记在借主的名下,表示债权。这时,"借""贷"两字表示债权债务的变化。随着社会经济的发展,经济活动的内容日益复杂,记录的经济业务已不再局限于货币资金的借贷业务,而逐渐扩展到财产物资、经营损益等。为了求得账簿记录的统一,对于非货币资金借贷业务,也以"借""贷"两字,记录其增减变动情况。这样,"借""贷"两字就逐渐失去原来的含义,而转化为纯粹的记账符号。因此,现在讲的"借""贷",已失去原来的字面含义,只作为记账符号使用,用以标明记账的方向。

(一)借贷记账法的账户结构

在借贷记账法下,账户的基本结构是:左方为借方,右方为贷方。但哪一方登记增加,哪一方登记减少,则要根据账户反映的经济内容决定。

1. 资产、负债、所有者权益的账户结构

按照会计等式建立的资产负债表,资产项目一般列在左方,负债和所有者权益项目一般列在右方。为了使账户中的记录与资产负债表的结构相吻合,各项资产的期初余额,应分别记入各该账户的左方(借方);各项负债和所有者权益的期初余额,应分别记入各该账户的右方(贷方)。这样,在账户中登记经济业务时,资产的增加,应记在与资产期初余额的同一方向,即账户的左方(借方);资产的减少,应记在资产增加的相反方向,即账户的右方(贷方)。同样道理,负债与所有者权益的增加,应记在账户的右方(贷方);负债与所有者权益的减少,应记在账户的左方(借方)。上述内容和登记方法,构成借贷记账法下账户的基本结构,如表2.5所示。

表2.5 借贷记账法下资产负债及所有者权益账户的基本结构

借方	账户名称	贷方
资产期初余额		负债及所有者权益期初余额
资产增加 负债及所有者权益减少		负债及所有者权益增加 资产减少
资产期末余额		负债及所有者权益期末余额

2. 收入、费用、利润类账户的结构

由于收入、利润可理解为所有者权益的增加,费用可理解为资产耗费的转化形态,在抵消收入之前,可以将其看成是一种资产。因此,收入、费用、利润类账户的结构也可用借、贷

及不同的增、减方式来予以表达。

收入类和利润类账户的结构类似负债及所有者权益类账户,增加额记在贷方,减少额或转销额记在借方。收入或利润结转后期末一般没有余额,如有余额则表示本期所有者权益的变动额,若余额在贷方,表示所有者权益的增加;反之,若余额在借方,则表示所有者权益的减少。

费用类账户的结构类似资产类账户,增加额记借方,减少额或转销额记贷方。费用结转后期末一般没有余额,如有余额,则表示期末尚未结转的费用,应在借方。这三类账户的结构,也可用表2.6表示。

表2.6 借贷记账法下收入、费用及利润账户的基本结构

借方	账户名称	贷方
费用增加 收入、利润减少或结转		收入增加 费用减少或结转
费用期末余额(资产构成内容)		收入利润期末余额(新增的所有者权益)

3. 应用借贷记账法登记经济业务的步骤

根据上述账户的基本结构,每个账户都可以概括为:

(1) 从每一个账户来说,期初余额只可能在账户的一方,借方或贷方,反映期初资产、负债、所有者权益数额。

(2) 如果某一账户借方期初余额和本期借方发生额合计大于贷方本期发生额,期末余额在借方,反映期末资产额;反之,如果贷方期初余额和本期贷方发生额合计大于借方发生额,期末余额在贷方,反映期末负债与所有者权益。

(3) 如果期初余额和期末余额的方向相同,说明账户登记项目的资产、负债与所有者权益性质未变;如果期初余额在借方,期末余额在贷方,说明该账户登记项目已从期初的资产变为期末的负债等,反之亦然。

为了便于初学时掌握,可将账户的结构分为两类:一类是资产、费用账户;另一类是负债、所有者权益、收入账户。其结构如表2.7和表2.8所示。

表2.7 借贷记账法下资产费用类账户的基本结构

借方	资产、费用账户	贷方
期初余额 本期增加额		本期减少额
本期发生额 期末余额		本期发生额

表2.8 借贷记账法下负债、所有者权益及收入类账户的基本结构

借方	负债、所有者权益、收入账户	贷方
		期初余额
本期减少额		本期增加额
本期发生额		本期发生额 期末余额

资产、费用账户的期末余额＝期初借方余额＋借方本期发生额－贷方本期发生额

负债、所有者权益、收入账户的期末余额

＝期初贷方余额＋贷方本期发生额－借方本期发生额

将账户结构分成两大类，主要是便于初学者掌握。但由于会计要素之间往往会相互转化，因而对所有账户这种分类的理解也不要绝对化。例如应收账款是资产，如果多收了，多收部分就转化成应退还给对方的款项，变为负债。另外，"应收账款"账户还可以登记预收账款这一负债项目的增减变动，因而期末余额也可能出现在贷方。类似情况在很多账户都存在。也就是说，这些账户实际上都是既反映资产又反映负债、既反映债权又反映债务的双重性质的账户。期末，根据账户余额的方向确定其反映的经济业务的性质。

因此，学习中应注意对借贷记账法账户基本结构的深入理解和掌握。

（二）借贷记账法的记账规则

如前文所述，借贷记账法是一种复式记账方法，对发生的任何一笔经济业务，都应按相等的金额，一方面记入一个或几个有关账户的借方，另一方面记入一个或几个有关账户的贷方。记入借方的金额同记入贷方的金额必须相等，这就是借贷记账法的记账规则，即"有借必有贷，借贷必相等"。

运用借贷记账法如何记录经济业务呢？

借贷记账法对于发生的每一笔经济业务，首先，要确定它所涉及的账户并判定其性质；其次，要分析所发生的经济业务使各有关账户的金额是增加还是减少；最后，根据账户的基本结构确定其金额应记入所涉及账户的方向。

下面根据经济业务的实例，说明如何运用借贷记账法，在账户中记录经济业务的发生引起会计要素的增减变化。

【例 2-1】 20×1 年 1 月 5 日收回红光公司以前欠的购货款 80 000 元，存入银行。这笔经济业务涉及"银行存款"和"应收账款"两个资产类账户，一方面"银行存款"账户增加 80 000 元，应记入该账户的借方；另一方面"应收账款"账户减少 80 000 元，应记入该账户的贷方。其登记到账户的结果如下：

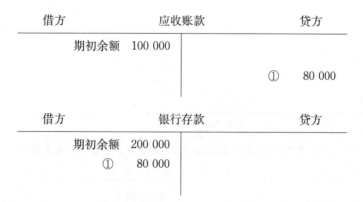

【例 2-2】 20×1 年 1 月 8 日向银行借入短期借款 50 000 元直接偿还前欠远航公司的货款。这笔经济业务涉及"短期借款"和"应付账款"两个负债类账户，一方面"短期借款"账户增加 50 000 元，应记入该账户的贷方；另一方面"应付账款"账户减少 50 000 元，应

记入该账户的借方。其登记到账户的结果如下：

借方	短期借款	贷方
	期初余额	60 000
	②	50 000

借方	应付账款	贷方
	期初余额	70 000
② 50 000		

【例 2-3】 20×1 年 1 月 15 日收到保溪公司投入的资本金 100 000 元存入银行。

这笔经济业务涉及"银行存款"和"实收资本"两个账户。一方面"银行存款"为资产类账户，该账户增加 100 000 元，应记入借方；另一方面"实收资本"为所有者权益类账户，该账户增加 100 000 元，应记入贷方。其登记到账户的结果如下：

借方	实收资本	贷方
	期初余额	250 000
	③	100 000

借方	银行存款	贷方
期初余额 200 000		
① 80 000		
③ 100 000		

【例 2-4】 20×1 年 1 月 17 日以银行存款 50 000 元归还银行短期借款。

这笔经济业务涉及"银行存款"和"短期借款"两个账户。一方面"银行存款"为资产类账户，该账户减少 50 000 元，应记入贷方；另一方面"短期借款"为负债类账户，该账户减少 50 000 元，应记入借方。其登记到账户的结果如下：

借方	银行存款	贷方
期初余额 200 000	④	50 000
① 80 000		
③ 100 000		

借方	短期借款	贷方
④ 50 000	期初余额	60 000
	②	50 000

【例2-5】 20×1年1月23日向远航公司购入材料30 000元,其中20 000元以银行存款支付,其余10 000元暂欠。

这笔经济业务涉及"银行存款""原材料""应付账款"三个账户。一方面"银行存款"和"原材料"为资产类账户,银行存款减少20 000元,应记入该账户贷方,原材料增加30 000元,应记入该账户借方;另一方面"应付账款"为负债类账户,该账户增加10 000元,应记入贷方。其登记到账户的结果如下:

借方	银行存款		贷方
期初余额	200 000		
①	80 000	④	50 000
③	100 000	⑤	20 000

借方	原材料		贷方
期初余额	80 000		
⑤	30 000		

借方	应付账款		贷方
		期初余额	70 000
②	50 000		
		⑤	10 000

【例2-6】 20×1年1月26日以银行存款40 000元偿还银行短期借款30 000元和前欠远航公司购货款10 000元。

这笔经济业务涉及"银行存款""短期借款""应付账款"三个账户。一方面"短期借款"和"应付账款"为负债类账户,短期借款减少30 000元,应记入该账户借方,应付账款减少10 000元,也应记入该账户借方;另一方面"银行存款"属于资产类账户,该账户减少40 000元,应记入贷方。其登记到账户的结果如下:

借方	银行存款		贷方
期初余额	200 000	④	50 000
①	80 000	⑤	20 000
③	100 000	⑥	40 000

借方	短期借款		贷方
		期初余额	60 000
④	50 000		
⑥	30 000		
		②	50 000

借方	应付账款		贷方
		期初余额	70 000
②	50 000		
⑥	10 000	⑤	10 000

从以上所举的几个例子可以看出,每笔经济业务发生之后,采用借贷记账法进行账务处理,在记入某一个账户借方的同时,还要记入另一个账户的贷方,而且记入借方与记入贷方的金额总是相等的。这就是借贷记账法的记账规律或记账规则。

(三)账户对应关系和会计分录

运用借贷记账法处理经济业务,一笔经济业务所涉及的几个账户之间的应借应贷的相互关系,称为账户对应关系,存在着对应关系的账户称为对应账户。通过账户的对应关系可以了解经济业务的内容和来龙去脉,因此,在采用借贷记账法登记某项经济业务时,应先通过编制会计分录来确定其所涉及的账户及其对应关系,从而保证账户记录的正确性。所谓会计分录(简称分录),是指标明某笔经济业务涉及的账户名称,以及记入账户应借应贷方向和金额的一种记录。

编制会计分录是会计工作的初始阶段,为了保证账户记录的正确性,经济业务发生后并不直接记入有关账户,而是根据经济业务所涉及的有关账户及其应借应贷的金额,先编制会计分录,然后,再根据会计分录记入有关账户。

面对着经济业务,初学者在编制会计分录时,应学会以下的分析步骤:

第一步,分析经济业务所涉及的会计要素有哪些(以便于判断账户性质)。

第二步,分析经济业务所涉及的具体账户有哪些(根据会计科目)。

第三步,分析各个账户所记录的内容在这项业务中是增加还是减少。

第四步,按照借贷记账法的账户结构和记账规则的要求判断应记入账户的借方还是贷方。

会计分录的编制应遵循"先借后贷,错列平衡"的要求。现将上述6笔经济业务的会计分录编制如下:

【例2-7】 借:银行存款　　　　　　　　　　　　　　　80 000
　　　　　　贷:应收账款　　　　　　　　　　　　　　　　　80 000

【例2-8】 借:应付账款　　　　　　　　　　　　　　　50 000
　　　　　　贷:短期借款　　　　　　　　　　　　　　　　　50 000

【例2-9】 借:银行存款　　　　　　　　　　　　　　　100 000
　　　　　　贷:实收资本　　　　　　　　　　　　　　　　　100 000

【例2-10】 借:短期借款　　　　　　　　　　　　　　50 000
　　　　　　　贷:银行存款　　　　　　　　　　　　　　　　50 000

【例2-11】 借:原材料　　　　　　　　　　　　　　　30 000
　　　　　　　贷:银行存款　　　　　　　　　　　　　　　　20 000
　　　　　　　　　应付账款　　　　　　　　　　　　　　　　10 000

【例2-12】 借:短期借款　　　　　　　　　　　　　　30 000
　　　　　　　　　应付账款　　　　　　　　　　　　　　　　10 000
　　　　　　　贷:银行存款　　　　　　　　　　　　　　　　40 000

会计分录按照所涉及的会计账户的多少分为简单会计分录和复合会计分录。上述例

2-7至例2-10笔会计分录,是由一个账户的借方和另一个账户的贷方发生对应关系的会计分录,即一借一贷的会计分录,称为简单会计分录;上述例2-11和例2-12笔会计分录,是由一个账户的借方与几个账户的贷方发生对应关系,或者一个账户的贷方与几个账户的借方发生对应关系的会计分录,即一借多贷或一贷多借的会计分录,称为复合会计分录。实际上复合会计分录可以分解成为几个简单会计分录,编制复合会计分录,可以起到简化记账手续的作用。

如第5笔会计分录就可以分解成以下两个简单的会计分录:

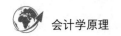【例2-13】
借:原材料　　　　　　　　　　　　　　　20 000
　　贷:银行存款　　　　　　　　　　　　　　20 000
借:原材料　　　　　　　　　　　　　　　10 000
　　贷:应付账款　　　　　　　　　　　　　　10 000

应该指出,为了使账户之间的对应关系清楚,并能全面反映经济业务的来龙去脉,在借贷记账法下,应编制一"借"一"贷"、一"借"多"贷"或一"贷"多"借"的会计分录,一般不宜编制多"借"多"贷"的会计分录。这是因为,多"借"多"贷"的会计分录容易使账户之间的对应关系模糊不清,给分析经济活动的实际情况带来困难。但是在账户对应关系清楚的情况下可以编制多"借"多"贷"的会计分录。

(四)借贷记账法的试算平衡

为了保证一定时期内所发生的经济业务在账户记录中的正确性,需要在期末对账户记录进行试算平衡。所谓借贷记账法的试算平衡,是指根据会计等式的平衡原理,按照记账规则的要求,通过汇总计算和比较,来检查账户记录的正确性和完整性。

采用借贷记账法,由于对任何经济业务都是按照"有借必有贷,借贷必相等"的记账规则记入各有关账户,所以不仅每一笔会计分录借贷发生额相等,而且当一定会计期间的全部经济业务都记入相关账户后,所有账户的借方发生额合计数必然等于贷方发生额合计数;同时,期末结账后,全部账户借方余额合计数也必然等于贷方余额合计数。其借贷平衡可用下列两个公式(发生额试算平衡和余额试算平衡)表示:

全部账户的借方发生额合计 = 全部账户的贷方发生额合计
全部账户期末借方余额合计 = 全部账户期末贷方余额合计

借方	银行存款		贷方
期初余额　200 000		④	50 000
①　　　　 80 000		⑤	20 000
③　　　　100 000		⑥	40 000
本期发生额　180 000		本期发生额	110 000
期末余额　　270 000			

借方	应收账款		贷方
期初余额　100 000			
		①	80 000

借方		本期发生额 期末余额	0 20 000		本期发生额	80 000

借方		应付账款			贷方	
				期初余额	70 000	
②	50 000					
⑥	10 000			⑤	10 000	
本期发生额	60 000			本期发生额	10 000	
				期末余额	20 000	

借方		原材料		贷方
期初余额	80 000			
⑤	30 000			
本期发生额	30 000			
期末余额	110 000			

借方		短期借款		贷方	
			期初余额	60 000	
④	50 000				
⑥	30 000				
			②	50 000	
本期发生额	80 000		本期发生额	50 000	
			期末余额	30 000	

借方	实收资本		贷方	
		期初余额	250 000	
		③	100 000	
		本期发生额	100 000	
		期末余额	350 000	

  试算平衡工作,一般是在月末结出各个账户的本月发生额和月末余额后,通过编制总分类账户发生额及余额试算平衡表来进行的。现将以上所举的6笔经济业务记入有关总分类账户,并结出各账户本期发生额和期末余额,编制总分类账户发生额及余额试算平衡表如表2.9所示。

  试算平衡只是通过借贷金额是否平衡来检查账户记录是否正确的一种方法,经过试算平衡,如果期初余额、本期发生额和期末余额各栏的借方合计与贷方合计数分别相等,则说明账户的记录基本正确;如果借贷方合计不相等,则说明账户记录有错误,应查明原因并予以更正。但必须指出的是,即使试算平衡表期末余额和本期发生额的借方合计与贷方合计分别相等,也不能说明账户记录是完全正确的。如果将某笔经济业务重记、漏记、借贷方等额多记或少记、借贷方向弄反、应借应贷科目写错,通过试算平衡是不能发现这些错误的,还必须辅以其他方法进行检查核对,所以通过试算平衡方法检查账户记录正确与否不是绝对的。

表 2.9 总分类账户发生额及余额试算平衡

20×1年1月31日

单位：元

账户名称	期初余额		本期发生额		期末余额	
	借方	贷方	借方	贷方	借方	贷方
银行存款	200 000		180 000	110 000	270 000	
应收账款	100 000			80 000	20 000	
原材料	80 000		30 000		110 000	
短期借款		60 000	80 000	50 000		30 000
应付账款		70 000	60 000	10 000		20 000
实收资本		250 000		100 000		350 000
合 计	380 000	380 000	350 000	350 000	400 000	400 000

课 后 习 题

思考题

1. 会计科目按照会计要素分为哪几类？按照提供指标的详细程度分为哪几类？
2. 为什么要设置会计科目？设置会计科目的原则有哪些？
3. 账户和会计科目有什么关系和区别？
4. 复式记账法的特点是什么？
5. 借贷记账法下各类账户结构是怎样的？举例说明。
6. 借贷记账法如何进行试算平衡？

练习题

一、单项选择题

1. 对每一个会计要素所反映的具体内容进一步进行分门别类的划分，需要(   )。

    A. 设置会计科目　　B. 设置账户　　　　C. 复式记账法

    D. 编制会计报表　　E. 填制凭证　　　　F. 登记账簿

2. 会计要素是对下列哪一选项的基本分类(   )。

    A. 会计主体　　　　B. 会计客体　　　　C. 会计对象

    D. 会计分期　　　　E. 会计期间　　　　F. 会计等式

3. 会计科目的实质是(   )。

    A. 反映会计对象的具体内容　　　　B. 为设置账户奠定基础

    C. 记账的理论依据　　　　　　　　D. 是会计要素的进一步分类

    E. 是会计对象的进一步分类　　　　F. 为复式记账奠定基础

4. 二级会计科目要不要设,设置多少,主要取决于下列哪一选项的需要(　　)。
   A. 总分类科目　　　B. 企业效益　　　C. 企业经营管理
   D. 领导意图　　　　E. 主管部门要求　F. 投资者要求
5. 设置账户是下列哪项会计工作的重要方法之一(　　)。
   A. 会计监督　　　　B. 会计决策　　　C. 会计分析
   D. 会计核算　　　　E. 会计预算　　　F. 会计控制
6. 下列会计科目属于损益类的是(　　)。
   A. 主营业务收入　　B. 生产成本　　　C. 应收账款
   D. 应付利润　　　　E. 制造费用　　　F. 应交税费
7. 账户之间最基本的区别在于(　　)。
   A. 账户的用途不同　B. 账户的结构不同　C. 账户反映的经济内容不同
   D. 账户的分类不同　E. 使用的会计科目不同　F. 借贷方向不同
8. 账户的期末余额指(　　)。
   A. 本期增加发生额－本期减少发生额
   B. 本期期初余额－本期减少发生额
   C. 本期期初余额＋本期增加发生额
   D. 本期期初余额＋本期增加发生额－本期减少发生额
   E. 本期期初余额＋本期减少发生额－本期增加发生额
   F. 本期期初余额－本期减少发生额－本期增加发生额
9. 账户的"期末余额"一般在(　　)。
   A. 账户的左方　　　　　　　　　　B. 账户的右方
   C. 增加方　　　　　　　　　　　　D. 减少方
   E. 可能在左方也可能在右方
10. 下列对会计账户的四个金额要素之间基本关系表述正确的是(　　)。
    A. 期末余额＝期末余额＋本期增加发生额－本期减少发生额
    B. 期末余额＝期初余额＋本期增加发生额－本期减少发生额
    C. 期初余额＝本期增加发生额－本期减少发生额－期末余额
    D. 期末余额＝本期增加额－本期减少发生额－期末余额
    E. 期末余额＝本期期初余额＋本期减少发生额－本期增加发生额
    F. 期末余额＝本期期初余额－本期减少发生额－本期增加发生额
11. 在复式记账下,对每项经济业务都要以相等的金额,在(　　)。
    A. 一个或一个以上账户中登记
    B. 两个账户登记
    C. 两个或两个以上账户中登记
    D. 相互关联的两个或两个以上账户中登记
    E. 一个账户中登记
    F. 三个账户中登记
12. 我国《企业会计准则》规定,企业应采用(　　)。
    A. 增减记账法　　　B. 借贷记账法　　　C. 收付记账法

D. 单式记账法　　　　E. 复式记账法　　　　F. 三式记账法

13. 借贷记账法起源于 13 世纪的（　　）。

    A. 德国　　　　　　B. 意大利　　　　　C. 法国
    D. 英国　　　　　　E. 日本　　　　　　F. 中国

14. 在借贷记账法下将账户划分为借、贷两方，哪一方登记增加哪一方登记减少的依据是（　　）。

    A. 凡借方都登记增加，贷方都登记减少　　B. 记账方法
    C. 核算方法　　　　　　　　　　　　　　D. 账户的结构
    E. 账户的经济内容的性质　　　　　　　　F. 试算平衡方法

15. 在账户中，用借方和贷方登记资产负债所有者权益的增加、减少数额，说法正确的是（　　）。

    A. 借方登记资产、负债及所有者权益的增加，贷方登记其减少
    B. 借方登记资产、负债及所有者权益的减少，贷方登记其增加
    C. 借方登记资产的增加、负债及所有者权益的减少，贷方反之
    D. 借方登记负债的减少、资产及所有者权益的增加，贷方反之
    E. 借方登记的资产减少、负债及所有者权益的增加，贷方反之
    F. 借方登记负债的增加、资产及所有者权益的减少，贷方反之

16. 一般来说，资产类账户的借方登记（　　）。

    A. 资产的减少　　　B. 资产的增加　　　C. 资产的转销
    D. 费用的转销　　　E. 取得的收入数　　F. 成本的转销

17. 对于每一个账户来说，期末余额（　　）。

    A. 只能在借方　　　　　　　　　　　　B. 只能在贷方
    C. 资产的转销　　　　　　　　　　　　D. 可能在借方或贷方
    E. 无余额　　　　　　　　　　　　　　F. 应结转到"本年利润"账户

18. 采用复式记账法，主要是为了（　　）。

    A. 便于登记账簿
    B. 提高工作效率
    C. 便于会计人员分工工作
    D. 全面、清晰地反映经济业务的来龙去脉
    E. 编制会计报表
    F. 体现会计信息的真实性

19. 标明某项经济业务应借应贷账户名称及其金额的一种记录（　　）。

    A. 账户的对应关系　B. 对应账户　　　　C. 会计账簿
    D. 会计分录　　　　E. 原始凭证　　　　F. 记账凭证

20. 企业购入材料价值 5 000 元，其中 3 000 元以银行存款支付，余额未付。应做一笔什么样的会计分录（　　）。

    A. 一借一贷　　　　B. 一借多贷　　　　C. 多借多贷
    D. 一贷多借　　　　E. 两借多贷的会计分录　F. 可以不做处理

二、多项选择题
1. 关于会计科目,下列说法正确的是( )。
   A. 会计科目是对会计要素的进一步分类
   B. 会计科目按所提供指标的详细程度不同,可分为总分类科目和明细分类科目
   C. 会计科目可以根据企业的具体情况自行设定
   D. 会计科目是复式记账和编制记账凭证的基础
   E. 设置会计科目应遵循合法性原则
   F. 设置会计科目应遵循适用性原则

2. 会计科目是进行各项会计记录和提供各项会计信息的基础,在会计核算中具有重要意义( )。
   A. 会计科目是复式记账的基础
   B. 会计科目是编制记账凭证的基础
   C. 会计科目是填制原始凭证的基础
   D. 会计科目为成本计算提供了前提条件
   E. 会计科目为资产清查提供了前提条件
   F. 会计科目为编制财务报表提供了方便

3. 会计科目设置应遵循的原则有( )。
   A. 合法性原则   B. 相关性原则   C. 全面性原则
   D. 适用性原则   E. 真实性原则   F. 合理性原则

4. "固定资产—房屋建筑物"属于( )科目。
   A. 资产类   B. 所有者权益类   C. 总分类
   D. 成本类   E. 负债类   F. 损益类

5. 下列属于总账科目的有( )。
   A. 原材料   B. 甲材料   C. 应付账款
   D. 资本公积   E. 盈余公积金   F. 未分配利润

6. 总分类账户与明细分类账户的区别在于( )。
   A. 反映经济业务内容的详细程度不同   B. 反映的经济业务内容不同
   C. 登记账簿的依据不同   D. 作用不同
   E. 登记的方向不同   F. 登记的金额不同

7. 账户一般应包括下列内容中的( )。
   A. 账户名称   B. 日期
   C. 摘要   D. 增加和减少的金额
   E. 余额   F. 凭证号数

8. 账户分为左、右两方,至于哪一方登记增加,哪一方登记减少,取决于( )。
   A. 所记录的经济业务的内容   B. 企业经营管理的需要
   C. 会计核算手段   D. 所采用的记账方法
   E. 会计等式   F. 存货计价方法

9. 下列对会计科目和会计账户之间的关系表述正确的是( )。
   A. 两者都是对会计对象具体内容的科学分类

B. 两者口径一致,性质相同
C. 会计科目是会计账户的名称
D. 会计账户具有一定的格式和结构,而会计科目不具有格式和结构
E. 会计账户是会计科目的名称
F. 会计科目具有一定的格式和结构,而会计账户不具有格式和结构

10. 根据账户与财务报表的关系分类可分( )。
A. 负债类账户　　　　　　　　B. 利润表账户
C. 资产账户　　　　　　　　　D. 资产负债类账户
E. 现金流量表账户　　　　　　F. 成本报表账户

11. 企业采用定额制管理备用金,企业管理部门人员出差归来,报销差旅费,并退回多余现金,该笔业务涉及的科目有( )。
A. 库存现金　　　　　　　　　B. 其他应收款
C. 管理费用　　　　　　　　　D. 其他应付款
E. 应收账款　　　　　　　　　F. 应付账款

12. 与货币资金增加有关的账户有( )。
A. 应收票据　　　　　　　　　B. 应收账款
C. 其他应收款　　　　　　　　D. 材料采购
E. 累计折旧　　　　　　　　　F. 在建工程

13. 下列选项中属于企业资产类账户的是( )。
A. 应收账款　　B. 预收账款　　C. 应付账款
D. 预付账款　　E. 原材料　　　F. 营业外支出

14. 某企业用银行存款5万元偿还以前欠其他单位的货款4万元和一个月前从银行取得的借款1万元。在借贷记账法下,这笔经济业务涉及( )账户。
A. 长期投资　　B. 银行存款　　C. 短期借款
D. 应付账款　　E. 应收账款　　F. 预收账款

三、判断题

1. 会计科目是对会计要素的具体内容进行分类核算的项目。( )

2. 总分类科目下设的明细分类科目太多时,可在总分类科目与明细分类科目之间设置二级科目。( )

3. 总分类科目是对会计对象进行的总括分类、提供总括信息的会计科目。( )

4. 设置会计科目必须与会计制度完全一致。( )

5. 在我国,会计科目的名称、编号及其说明,不需要通过国家统一会计制度来进行规范。( )

6. 管理费用和制造费用一样,都属于成本类科目。( )

7. 一级账户又称总分类账户或总账户。( )

8. 会计科目是设置会计账户依据,使会计账户的名称。因此,会计科目与会计账户一样具有一定的结构,用于反映会计要素的增减变动情况和结果。( )

9. "生产成本"账户时用来计算产品的生产成本,而产品属于资产。因此"生产成本"账户按照经济内容分类属于资产类账户。( )

10. 对一个账户的同一方,可能既记录某类经济业务的增加,同时又记录该类经济业务的减少。( )

四、综合练习题

1. 资料:(1)假定某企业××年7月各资产、负债及所有者权益账户的期初余额如表2.10所示。

表2.10 各账户期初余额

单位:元

资产类账户	金 额	负债及所有者权益账户	金 额
库存现金	1 000	负债:	
银行存款	135 000	短期借款	62 000
应收账款	10 000	应付账款	8 000
生产成本	40 000	负债合计	70 000
原材料	120 000	所有者权益	
库存商品	24 000	实收资本	860 000
固定资产	600 000	所有者权益合计	860 000
总 计	930 000	总 计	930 000

(2)7月份该企业发生下列各项经济业务:

① 用银行存款购入材料10 000元。

② 生产车间领用材料40 000元用于产品生产。

③ 从银行提取现金400元。

④ 用银行存款购入新汽车1辆,计价100 000元。

⑤ 用银行存款偿还应付账款3 000元。

⑥ 生产车间领用材料25 000元用于产品生产。

⑦ 收到购货单位前欠货款3 000元存入银行。

⑧ 以银行存款16 000元,归还短期借款12 000元,归还应付账款4 000元。

⑨ 投资者投入资本20 000元存入银行。

⑩ 收到购货单位前欠货款4 000元存入银行。

要求:(1)根据资料(2)的各项经济业务,编制会计分录。

(2)根据资料(1)开设各总分类账户(用"T"形账户),登记期初余额。

(3)根据会计分录,登记有关总分类账户,并结计本期发生额和期末余额。

(4)编制"总分类账户发生额和余额试算平衡表",检查总分类账户的记录是否正确。

2. 资料

(1)某公司××年5月1日"原材料"账户的各明细分类账户的借方余额分别为:甲材料100吨,每吨150元,共计15 000元;乙材料200吨,每吨100元,共计20 000元。"应付账款"账户的各明细分类账户的贷方余额如表2.11所示。

表 2.11　账户贷方余额

单位:元

供货单位名称	金　额
宏达公司	30 000
星海公司	15 000
合　计	45 000

(2) 该公司5月份发生下列有关经济业务:

① 5月6日,从宏达公司购入甲材料50吨,每吨150元,共计7 500元;乙材料20吨,每吨100元,共计2 000元。材料已验收入库,货款尚未支付。

② 5月10日,以银行存款偿还前欠宏达公司货款20 000元,偿还星海公司货款5 000元。

③ 5月15日,从星海公司购入甲材料20吨,每吨150元;购入乙材料10吨,每吨100元。材料已验收入库,货款尚未支付。

④ 5月20日,生产车间领用甲材料150吨,每吨150元;领用乙材料200吨,每吨100元。

要求:(1) 根据资料(2)的各项经济业务,编制会计分录(要标明有关明细分类科目)。

(2) 根据资料(1),开设"原材料"和"应付账款"总分类账户及其明细分类账户(用"T"型账户),登记期初余额。

(3) 根据会计分录,登记"原材料"和"应付账款"总分类账户及其明细分类账户(其他账户从略)。

(4) 结出各账户的本期发生额和期末余额。

(5) 编制"原材料"明细分类账户发生额和余额明细表,并与"原材料"总分类账户进行核对。

(6) 编制"应付账款"明细分类账户发生额和余额明细表,并与"应付账款"总分类账户进行核对。

第三章　会　计　凭　证

内 容 提 要

正确填制和审核会计凭证是会计核算职能的起点和基本工作。本章主要介绍了会计凭证的概念、意义、分类以及会计凭证的填制与审核,其中会计凭证的填制与审核是本章重点阐述的内容,包括原始凭证的基本内容、填制要求和审核,记账凭证的基本内容、填制要求和审核。

学习目标与要求

通过本章的学习,了解会计凭证的概念、意义和分类,掌握会计凭证的填制和审核,包括原始凭证的填制和审核、记账凭证的填制和审核。

第一节　会计凭证概述

一、会计凭证的概念

会计凭证是记录经济业务事实,明确经济责任,具有法律效力的书面证明,也是登记账簿、进行会计监督的重要依据。

会计核算遵循取得原始凭证—填制记账凭证—登记账簿—编制报表的基本流程。任何企业、事业、行政单位、部队和社会团体在从事任何一项经济活动时,都必须办理会计凭证,由有关人员根据有关规定和程序填制和取得会计凭证,对整个经济活动过程作出书面记录。会计凭证必须载明经济业务的内容、数量、金额并签名或盖章,以明确对该项经济业务的真实性、准确性所负的责任。只有审核无误的凭证,才能作为记账的依据。因此,填制和审核会计凭证,是会计信息处理的重要方法之一,同时也是整个会计核算工作的起点和基础。

二、会计凭证的作用

填制与审核会计凭证是会计管理中一项不可缺少的制度和手续,也是会计核算的一种重要的专门方法。会计凭证的填制与审核,对完成会计核算任务、发挥会计的监督作用具有重要意义。

（一）提供经济业务信息的重要载体

会计信息作为经济信息的主要组成部分,任何一项经济业务都必须按照规定的程序和要求,及时取得和编制会计凭证。通过会计凭证的填制和审核,会计人员对日常繁杂、分散的会计凭证进行整理分类,进而如实地反映各项经济业务的具体情况。

（二）登记账簿的必要依据

任何单位每发生一项经济业务,如现金的支付、物资的进出、往来款项的结算等,经办业务的有关人员必须按照规定的程序和要求,认真办理凭证手续,做好会计凭证的填制和审核工作。即必须由经办经济业务的有关人员签名盖章,用以对会计凭证内容的真实性、正确性、合理性和合法性负责。一切会计凭证,还要经过有关人员严格审核,只有经过审核无误的会计凭证,才能作为记账的依据。因此,会计凭证是进行会计核算的依据,是保证会计核算资料真实性、正确性的重要手段。

（三）明确经济责任的主要手段

由于会计凭证记录了每项经济业务的内容,并需要有关部门和经办人员签章,这就要求有关部门和有关人员对经济活动的真实性、正确性、合法性负责。这无疑会增强有关部门和有关人员的责任感,促使他们严格按照有关政策、法令、制度、计划或预算办事。如有发生违法乱纪或经济纠纷事件,也可借助会计凭证确定各经办部门和人员所负担的经济责任,并据以进行正确的裁决和处理,从而加强经营管理的岗位责任制。

（四）会计凭证是实行会计监督的条件

通过会计凭证的审核,可以查明各项经济业务是否符合法规、制度的规定,有无贪污盗窃、铺张浪费和损公肥私行为,从而发挥会计的监督作用,保护各会计主体所拥有资产的安全完整,维护投资者、债权人和有关各方的合法权益。

三、会计凭证的种类

会计凭证按其填制程序和用途,可以分为原始凭证和记账凭证。

（一）原始凭证

原始凭证,又称原始单据,是在经济业务发生或完成时取得或填制的,用以记录经济业务的主要内容和完成情况,明确经济责任的书面证明,是编制记账凭证的依据,是进行会计核算的原始资料。原始凭证记载大量的经济信息,又是证明经济业务发生的初始文件,与记账凭证相比较,具有较强的法律效力,所以它是一种很重要的凭证。原始凭证可按不同的标准进行分类。

1. 原始凭证按其来源不同,可分为自制原始凭证和外来原始凭证两种

（1）自制原始凭证是指由本单位经办业务的部门和人员,在执行或完成某项经济业务时自行填制的凭证。例如,仓库保管人员在验收材料时填制的收料单,车间向材料仓库领取材料时填制的领料单以及完工产品验收入库时填制的产品入库单等。收料单和领料单的一般格式如表3.1、表3.2所示。

表3.1　收料单

供货单位:首钢　　　　　　　　　　　收料单　　　　　　　　　　凭证编号:0343
发票编号:0052　　　　　　　　　　20×0年5月8日　　　　　　　收料仓库:5号库

材料类别	材料编号	材料名称及规格	计量单位	数量		金额(元)		
				应收	实收	单价	运杂费	合计
型钢	022	20 mm	千克	1 000	1 000	3.00	300	3 300
备注							合计	3 300

主管(签章)　　　会计(签章)　　　审核(签章)　　　记账(签章)　　　收料(签章)

表3.2　领料单

领料单位:三车间　　　　　　　　　　领料单　　　　　　　　　　凭证编号:3456
用　　途:制造A产品　　　　　　　20×0年4月3日　　　　　　　发料仓库:5号库

材料类别	材料编号	材料名称及规格	计量单位	数量		单价	金额(元)
				请领	实收		
型钢	022	20 mm	千克	1 000	1 000	320	1 600
备注						合计	1 600

主管(签章)　　　记账(签章)　　　发料人(签章)　　　领料人(签章)

(2)外来原始凭证是指企业与其他企业、个人发生经济往来关系时,从其他企业或个人直接取得的原始凭证。例如,企业购买材料时取得的增值税专用发票,从开户银行取得的收款通知单、付款通知单,各种车船票等,都属于外来原始凭证。增值税专用发票、车船票的一般格式如图3.1、图3.2所示。

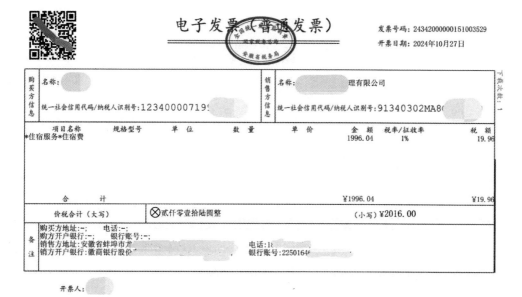

图3.1　增值税专用发票

电子发票(航空运输电子客票行程单)

国内国际标识:									开票状态:	
									二维码	
									发票号码:	
旅客姓名		有效身份证件号码					签注			
	承运人	航班号	座位等级	日期	时间	客票级别/客票类别		客票生效日期	有效截止日期	免费行李
自:										
至:										
至:										
至:										
	票价	燃油附加费	增值税税率	增值税税额	民航发展基金	其他税费		合计		
电子客票号码:		验证码:		提示信息:				保险费:		
销售网点代号:			填开单位:					填开日期:		
购买方名称:			统一社会信用代码/纳税人识别号:							

图 3.2　车船票

2. 原始凭证按其填制手续次数不同,可分为一次凭证、累计凭证和汇总凭证

（1）一次凭证是指一次只记录一项或若干项同类经济业务的原始凭证,其填制手续是一次完成的。外来原始凭证一般都是一次凭证,而收料单、领料单等都是自制的一次凭证。

（2）累计凭证是指在一定时期内连续记录若干项不断重复发生的同类经济业务的原始凭证,这种凭证的填制手续是随着经济业务的发生而分次进行的。例如,限额领料单即为自制的累计凭证,其一般格式如表 3.3 所示。

表 3.3　限额领料单

20×0 年 5 月 8 日　　　　　　　　　　编号:2345

领料单位:二车间　　　用途:B 产品　　　计划产量:5 000
材料编号:102045　　　名称规格:16 mm 圆钢　　计量单位:千克
单位:4.00 元　　　　　消耗定量:0.2 千克/台　　领用限额:1 000

××年		请	领	实		发		
月	日	数量	领料单位负责人	数量	累计	发料人	领料人	限额结余
10	5	200	张勇	200	200	李发	李杰	800
10	10	100	张勇	100	300	李发	李杰	700
10	15	300	张勇	300	600	李发	李杰	400
10	20	100	张勇	100	700	李发	李杰	300
10	25	150	张勇	150	850	李发	李杰	150
10	31	100	张勇	100	950	李发	李杰	50

累计实发金额(大写)叁仟捌佰元整　　　　￥3 800

(3)汇总凭证又称汇总原始凭证,是根据许多同类经济业务的原始凭证定期加以汇总而重新编制的凭证。例如,月末根据月份内所有的领料单汇总编制的领料单汇总表(也称发料汇总表,如表3.4所示),就是汇总原始凭证。

表3.4 领料单汇总表

20×0年10月15日　　　　　　　　　　　　　编号：

用　途	上旬	中旬	下旬	月计
生产成本				
甲产品				
乙产品				
制造费用				
管理费用				
在建工程				
本月领料合计				

(二)记账凭证

记账凭证根据审核无误后的原始凭证或原始凭证汇总表填制的,用来确定会计分录并直接作为记账依据的会计凭证,或者说是一种专门用来对原始凭证的信息内容进行整理、归类并作为过账(记账)依据的会计凭证。记账凭证的主要功能是作为记账的直接依据,有以下多种分类标准：

1. 记账凭证按其反映的经济业务内容不同,可分为收款凭证、付款凭证和转账凭证三种

(1)收款凭证是根据有关现金或银行存款收款业务的原始凭证填制的,用来记录货币资金收款业务的记账凭证。其格式如表3.5所示。

表3.5 收款凭证

借方科目：银行存款　　　　　20××年2月5日　　　　　收字第3号

摘　要	贷方科目		金额	记账	
	一级科目	二级或明细科目			
销售甲产品	主营业务收入	甲产品	20 000		附件壹张
	应交税金	应交增值税	2 600		
合　计			22 600		

会计主管：李　　记账：张　　稽核：沈　　填制：方　　出纳：廉　　交款人：赵

(2)付款凭证：是用来记录现金和银行存款等货币资金付款业务的凭证,它是根据现金和银行存款付款业务的原始凭证填制的(表3.6)。

表 3.6 付款凭证

贷方科目:银行存款　　　　　　　　　20××年2月12日　　　　　　　　　付 字第 10 号

摘　要	贷方科目		金额	记账	
	一级科目	二级或明细科目			
购买材料	原材料	A 材料	10 000		附件壹张
	应交税金	应交增值税	1 300		
合　计			11 300		

会计主管:李　　　记账:张　　　稽核:沈　　　填制:方　　　出纳:廉　　　交款人:赵

(3) 转账凭证:是用来记录与现金、银行存款等货币资金收付款业务无关的转账业务的凭证,它是根据有关转账业务的原始凭证填制的(表 3.7)。

表 3.7 转账凭证

20××年2月15日　　　　　　　　　转 字第 8 号

摘　要	一级科目	二级或明细科目	借方金额	贷方金额	记账	
生产领用材料	生产成本	甲产品	10 000			附件壹张
	原材料	钢材		10 000		
合　计			10 000	10 000		

会计主管:李　　　记账:张　　　稽核:沈　　　填制:方

2. 记账凭证按其编制方法的不同,可分为单式记账凭证和复式记账凭证

(1) 单式记账凭证是指在一张记账凭证上,只反映同一经济业务会计分录中的一个账户及其金额的记账凭证,如果同一经济业务涉及几个账户,就要独立编制记账凭证。反映借方账户的为借项记账凭证,反映贷方账户的为贷项记账凭证。单式记账凭证反映的账户单一,优点是便于分工记账和按账户进行汇总;缺点是一张凭证不能反映每项经济业务的全貌,填制记账凭证的工作量比较大,而且出现差错不易查找。

(2) 复式记账凭证是指将在一张记账凭证上,反映一笔经济业务的全部账户及其发生额的记账凭证,无论涉及几个账户,都编制在一张记账凭证上,上述提到的收款凭证、付款凭证、转账凭证都是复式凭证,是实际工作中应用最普遍的记账凭证。复式记账凭证可集中反映一项经济业务的账户对应关系,便于分析对照,了解有关经济业务的全貌,减少了凭证数量,但不利于会计人员分工记账。

3. 记账凭证按其包括的内容不同分类,可以将其分为单一记账凭证、汇总记账凭证和科目汇总表

(1) 单一记账凭证是指只包括一笔会计分录的记账凭证。上述的收、付、转凭证均为单一记账凭证。

(2) 汇总记账凭证是指根据一定时期内同类单一记账凭证定期加以汇总而重新编制的记账凭证。其目的是简化总分类账的登记手续。汇总记账凭证又可进一步分为汇总收款凭证、汇总付款凭证和汇总转账凭证,汇总记账凭证格式如表3.8所示。

表 3.8 汇总记账凭证

20××年 12 月

借方账户:银行存款　　　　　　　　　　　　　　　　　　　　　　　　　　　第 1 号

贷方账户	金　　额			合　计	总账页数	
	(1) 1—10日收款 凭证 第 1—18 号	(2) 11—20日收款 凭证 第 19—28 号	(3) 21—31日收款 凭证 第 29—57 号		借方	贷方
主营业务收入	125 000			125 000	3	35
应收账款		80 000		80 000	3	12
其他应收款			5 000	5 000	3	16
合　计	125 000	80 000	5 000	210 000		

会计:　　　　　　　　记账:　　　　　　　　审核:　　　　　　　　填制:

(3) 科目汇总表是指根据一定时期内所有的记账凭证定期加以汇总而重新编制的记账凭证。其目的是为简化总分类账的登记手续,科目汇总表格式如表3.9所示。

表 3.9 科目汇总表

20×6 年 1 月 11 日至 1 月 20 日　　　　　　　　　　　　　　　　　　汇字第 2 号

会计科目	借方金额	贷方金额	总账页数
银行存款		7 849.60	
待摊费用	3 600.00	3 600.00	
累计折旧		10 872.00	
生产成本	50 700.00		
制造费用	13 749.60	50 700.00	
管理费用	4 472.00		
合　计	72 521.60	72.521.60	

记账凭证自　6　号 20 号共　5　张

在会计凭证中,原始凭证是记账凭证的基础,而记账凭证则是原始凭证内容上的反映。原始凭证随着经济业务的不同有不同的内容和格式,而记账凭证则是采取一定的统一格式来记录不同的经济业务。上述各种会计凭证的分类如图3.3所示。

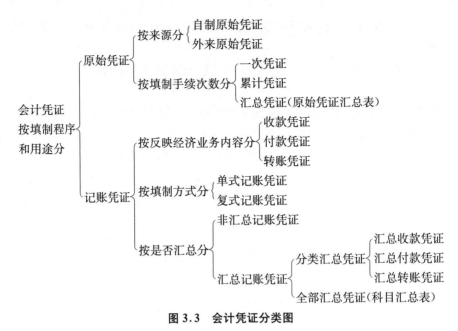

图 3.3　会计凭证分类图

第二节　原　始　凭　证

《中华人民共和国会计法》规定,如果进行会计核算,必须填制或者取得原始凭证,并及时送交会计部门,会计部门必须对原始凭证进行审核,并根据审核的原始凭证及有关资料填制记账凭证。

一、原始凭证的基本内容

原始凭证的样式多种多样,每一原始凭证所包括的具体内容也是千差万别的。但是,无论哪一种原始凭证,都应该说明有关经济业务的执行或完成情况,明确经办业务的部门和人员的经济责任。因此,各种原始凭证都必须具备一些共同的基本要素。这些基本要素如下:

(1) 原始凭证的名称。例如,收料单、领料单、发货票等。

(2) 填制凭证的日期。例如,在领料单上要写明填制领料单的日期(一般也就是领料日期),以备查考。

(3) 接受凭证单位的名称。例如,发货票上要写明购货单位的名称,单位名称要写全称,不得省略。

(4) 经济业务的内容。例如,在领料单上要有领用材料的用途和材料的名称、规格等。

(5) 经济业务的数量、单价和金额。例如,在领料单上要有计量单位、数量、单价和金额等。

(6) 填制凭证的单位名称及有关人员的签名盖章。从外单位取得的原始凭证,必须有填制单位名称并加盖其公章;从个人取得的原始凭证,必须有填制人员的签名盖章;自制原始凭证必须有经办单位负责人的签名盖章;对外开出的原始凭证,必须加盖本单位公章。

(7) 凭证附件。

上面罗列的要素只是原始凭证应该具备的,有些原始凭证不仅要满足财会工作的需要,还要满足计划、统计等其他业务的需要,因此,有的原始凭证除上述内容之外,还包括一些特有的内容。原始凭证的内容需要根据经济业务的客观情况和企业经济管理的具体需要来决定。

二、原始凭证的填制要求

原始凭证的填制,要由填制人或经办人根据经济业务的实际执行和完成情况,将各项原始凭证要素按规定的方法填写齐全,办妥签章手续,明确经济责任。原始凭证直接影响会计核算的质量。因此,填制原始凭证必须符合《会计法》和《会计基础工作规范》的相关规定要求。

(一) 记录真实,手续完备

必须实事求是地填写经济业务,原始凭证上填制的日期、业务内容、数量、金额等必须与实际情况完全符合,确保内容真实可靠。原始凭证必须按规定的格式和内容逐项填写齐全,同时必须由经办业务的部门和人员签字盖章,对凭证的真实性和正确性负完全责任。

(二) 编号连续,及时填制

如果凭证已预先印定编好,在需要作废时,应当加盖"作废"戳记,并连同存根和其他各联全部保存,不得随意撕毁。每笔经济业务发生或完成后,经办业务的有关部门和人员必须及时填制原始凭证,做到不拖延、不积压,并按照规定程序传递、审核,以便于编制记账凭证。

(三) 书写清楚规范

(1) 阿拉伯数字应逐个填写,不得连笔写。阿拉伯金额数字最高位前面应写人民币符号"¥"。人民币符号"¥"与阿拉伯金额数字之间不得留有空白。阿拉伯数字前写有人民币符号的,数字后面不必再写"元"字。

(2) 所有以元为单位的阿拉伯数字,除表示单价等情况外,一律填写到角分。无角、分的,角位和分位可写"00"补齐,或符号"—"。有角无分的,分位应写"0",不应用符号"—"代替。

(3) 汉字大写金额数字,一律用正楷字或行书字书写,如壹、贰、叁、肆、伍、陆、柒、捌、玖、拾、佰、仟、万、亿、元、角、分、零、整等,不得用一、二(两)、三、四、五、六、七、八、九、十、块、毛、另(0)等字样代替,不得随意使用简化字。

(4) 阿拉伯数字中间有"0"时,汉字大写金额要写"零"字。如¥207,汉字大写金额应写成人民币贰佰零柒元。阿拉伯数字中间连续有几个"0"时,汉字大写金额中可以只写一个"零"字,如¥3 006.78,汉字大写应写成人民币叁仟零陆元柒角捌分。

(5) 大写金额数字有分的,后面不加"整"字,大写金额数字到元或角为止的,在"元"或"角"之后应写"整"字或"正"字,大写金额前还应加注币值单位,注明"人民币""美元"等字样,且币值单位与金额数字之间,以及各金额数字之间不得留有空隙。

(6) 凡是规定填写大写金额的各种凭证,如银行结算凭证、发票、运单、合同、契约等,都必须在填写小写金额的同时填写大写金额。

(7) 一般凭证书写错误,应用规定的方法予以更正,不得随便涂改、刮擦或挖补。对重要的原始凭证,如支票以及各种结算凭证,一律不得涂改,如果书写错误,应加盖"作废"戳记注销、留存、重新填写。

以增值税专用发票为例,具体填写如图 3.4 所示。

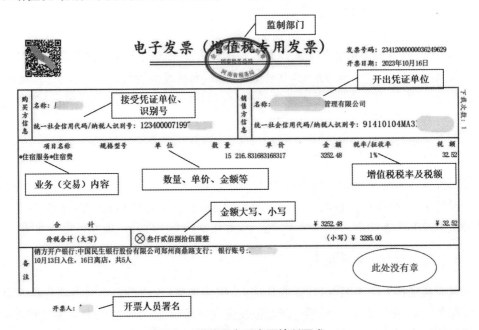

图 3.4 增值税专用发票填制要求

三、原始凭证的审核

我国《会计法》规定:"会计机构、会计人员必须按照国家统一的会计制度的规定对原始凭证进行审核,对不真实、不合法的原始凭证有权不予接受,并向单位负责人报告;对记载不准确、不完整的原始凭证予以退回,并要求按照国家统一的会计制度的规定更正、补充。"为了如实反映经济业务的发生和完成情况,充分发挥会计的监督职能,保证会计信息的真实性、可靠性和正确性,会计机构、会计人员必须对原始凭证进行严格审核。原始凭证的审核内容如下。

(一) 原始凭证的真实性、完整性

真实性的审核内容包括:凭证日期是否真实、业务内容是否真实、数据是否真实等。对外来原始凭证,必须有填制单位公章和填制人员签章;对自制原始凭证,必须有经办部门和经办人员的签名或盖章。此外,对通用原始凭证,还应审核凭证本身的真实性,防止以假冒的原始凭证记账。完整性的审核内容包括:原始凭证各项基本要素是否齐全,是否有漏项情况,日期是否完整,数字是否清晰,文字是否工整,有关人员的签章是否齐全,凭证联次是否正确等。

（二）原始凭证的合法性、合理性

合法性审核是指审核原始凭证所记录经济业务是否有违反国家法律、法规的情况，是否符合规定的审核权限，是否履行了规定的凭证传递和审核程序，是否有贪污腐化等行为。合理性审核是指审核原始凭证所记录经济业务是否符合企业生产经营活动的需要、是否符合有关的计划和预算等。

（三）原始凭证的正确性和规范性

审核原始凭证中摘要的填写是否符合要求，数量、单位、金额、合计数的计算和填写是否正确，大小写金额是否相等，书写是否清楚规范。

原始凭证的审核是一项十分细致而严肃的工作，必须坚持原则，依法办事。对不真实、不合法的原始凭证，会计人员有权不予受理，并要向单位负责人报告；对记载不准确、不完整的原始凭证应予以退回，并要求按照国家统一的会计制度规定更正、补充。原始凭证经审核无误后，才能作为编制记账凭证和登记明细分类账目的依据。

第三节 记账凭证及其填制和审核

一、记账凭证的基本内容

记账凭证是会计人员根据审核无误的原始凭证及有关资料为依据，对企业经济业务性质分类，并据此登记账簿的会计凭证，是登记账簿的直接依据。记账凭证虽然种类不一，但其主要作用都在于对原始凭证进行归类、整理，确定会计科目，编制会计分录，直接据以记账。因此，各种记账凭证都必须具备下列一些共同的基本内容：

（1）记账凭证的名称。例如收款凭证、付款凭证和转账凭证。
（2）填制记账凭证的日期。
（3）记账凭证的编号。
（4）经济业务的内容摘要。
（5）经济业务所涉及的会计科目及其记账方向。
（6）经济业务的金额。
（7）记账标记。
（8）所附原始凭证张数。
（9）会计主管、记账、审核、出纳、制单等有关人员签章。

二、记账凭证的填制要求

记账凭证是进行会计处理的直接依据，也是会计核算中的基础环节之一，正确、及时、完

整地填制记账凭证是正确、及时地提供会计信息的保证。填制记账凭证,除了要遵循填制原始凭证的要求外,还必须遵循以下几点:

(一)必须以审核无误的原始凭证为依据

记账凭证可以根据每一张原始凭证填制,也可根据若干张同类原始凭证填制,还可以根据汇总原始凭证填制,但都必须是经过审核无误的原始凭证。另外,以自制的原始凭证或者原始凭证汇总表代替记账凭证的,也必须具备记账凭证应有的项目。

(二)记账凭证的摘要栏

既是对经济业务的简要说明,又是登记账簿的重要依据,必须针对不同性质的经济业务的特点,考虑到登记账簿的需要,正确地填写,不可漏填或错填。

(三)编制会计分录

必须按照会计制度统一规定的会计科目,根据经济业务的性质,编制会计分录,以保证核算的口径一致,便于综合汇总。应用借贷记账法编制分录时,应编制简单分录或复合分录,以便从账户对应关系中反映经济业务的情况。

(四)记账凭证的编号

记账凭证在一个月内应当连续编号,以便查核。在使用通用凭证时,可按经济业务发生的顺序编号。采用收款凭证、付款凭证和转账凭证的,可采用"字号编号法",即按凭证类别顺序编号。也可采用"双重编号法",即按总字顺序编号与按类别顺序编号相结合。一笔经济业务,需要编制多张记账凭证时可采用"分数编号法",在使用单式记账凭证时,也可采用"分数编号法"。

(五)记账凭证的日期

收、付款凭证应按货币资金收付的日期填写;转账凭证原则上应按收到原始凭证的日期填写。如果一份转账凭证依据不同日期的某类原始凭证填制时,可按填制凭证日期填写。在月终时,有些转账业务要等到下月初方可填制转账凭证时,也可按月末的日期填写。

(六)记账凭证上所附的原始凭证张数

如果根据同一原始凭证填制数张记账凭证时,则应在未附原始凭证的记账凭证上注明"附件××张,见第××号记账凭证"。如果原始凭证需要另行保管时,则应在附件栏目内加以注明,但更正错账和结账的记账凭证可以不附原始凭证。

(七)填写完毕签名或者盖章

记账凭证填写完毕,应进行复核与检查,并按所使用的记账方法进行试算平衡。有关人员,均要签名盖章。出纳人员根据收款凭证收款,或根据付款凭证付款时,要在凭证上加盖"收讫"或"付讫"的戳记,以免重收重付、防止差错。

记账凭证具体填写格式如表 3.10 所示。

表 3.10 记账凭证

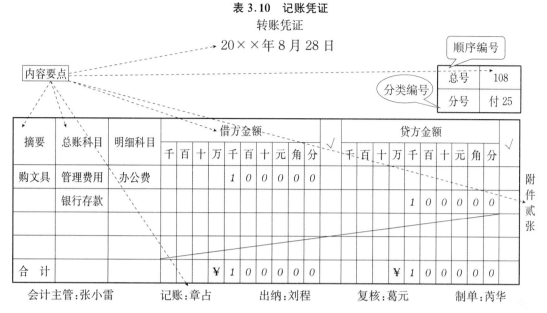

收款凭证是用来记录货币资金收款业务的凭证,它是由出纳人员根据审核无误的原始凭证收款后填制的。在借贷记账法下收款凭证的设证科目是借方科目。在收款凭证左上方所填列的借方科目,应是"现金"或"银行存款"科目。在凭证内所反映的贷方科目,应填列与"现金"或"银行存款"相对应的科目。金额栏填列经济业务实际发生的数额,在凭证的右侧填写附原始凭证张数,并在出纳及制单处签名或盖章。

付款凭证是用来记录货币资金付款业务的凭证。它是由出纳人员根据审核无误的原始凭证付款后填制的。在借贷记账法下,付款凭证的设证科目是贷方科目,在付款凭证左上方所填列的贷方科目,应是"现金"或"银行存款"科目。在凭证内所反映的借方科目,应填列与"现金"或"银行存款"相对应的科目。金额栏填列经济业务实际发生的数额,在凭证的右侧填写所附原始凭证的张数,并在出纳及制单处签名或盖章。

【例 3-1】 20××年 4 月 8 日收到供应单位 A 开具的发票 1 张,开列:甲材料 500 千克,单价 15 元,价款 7 500 元;随发票寄来甲材料运单开列运费 50 元,价款及运费以存款付讫。付款凭证的格式和内容如表 3.11 所示。

表 3.11 付款凭证

付款凭证

贷方账户:银行存款　　　　　20××年 4 月 8 日　　　　　银付字第 27 号

摘　要	账户名称		贷方金额							记账	
	一级账户	明细账户	万	千	百	十	元	角	分		
存款支付甲材料价款及运费	原材料	甲材料		7	5	0	0	0	0	√	附件叁张
合　计			¥	7	5	0	0	0	0		

会计主管:　　　　　记账:松松　　　　　审核:　　　　　制单:王华

转账凭证是用以记录与货币资金收付无关的转账业务的凭证,它是由会计人员根据审核无误的转账业务原始凭证填制的。在借贷记账法下,将经济业务所涉及的会计科目全部填列在凭证内,借方科目在先,贷方科目在后,将各会计科目所记应借应贷的金额填列在"借方金额"或"贷方金额"栏内。借、贷方金额合计应该相等。制单人应在填制凭证后签名盖章,并在凭证的右侧填写所附原始凭证的张数。

【例 3-2】 20××年4月8日收到供应单位A开具的发票1张,开列:甲材料500千克,单价15元,价款7 500元;随发票寄来甲材料运单开列运费50元。材料未到,价款及运费暂欠。转账凭证的格式和内容如表3.12所示。

表 3.12 转账凭证

转账凭证
20××年4月8日　　　　　　　　　　　　　　　转字第125号

摘 要	账户名称		记账	金　额		
	一级账户	明细账户		借方	贷方	
购进甲材料,价款及运费暂欠	在途物资	甲材料	√	7 550		附件贰张
	应付账款	A公司			7 550	
合　计				¥7 550	¥7 550	

会计主管:张霖　　　　记账:王飞　　　　审核:李利　　　　制单:康张华

三、记账凭证的审核

为了正确登记账簿和监督经济业务,除了编制记账凭证的人员应当认真负责、正确填制、加强自审以外,还包括以下几个方面:

首先,审核记账凭证是否附有原始凭证。所附原始凭证是否齐全,记账凭证的经济内容是否与所附的原始凭证的内容相符等。

其次,审核记账凭证中载明的业务内容是否合法正常,会计科目的使用是否正确,账户对应关系是否清楚,所使用的会计科目及核算内容是否符合会计制度的规定,记账方向和金额是否准确等。

最后,审核记账凭证上的项目是否填写清楚、完整,编号是否连续,有关人员是否已签名盖章。

在审核记账凭证过程中,如发现填制有误,应查明原因,并按规定的方法及时更正,只有经过审核无误的记账凭证,才能据以登记账簿。对会计凭证的审核,是保证会计信息质量、实施会计监督的重要手段,是一项政策性很强的工作,作为会计人员,应当既要熟悉和掌握国家政策、法令、制度和计划预算等有关规定,又要熟悉和了解本单位的经营状况。

课后习题

一、单项选择题

1. 下列属于外来原始凭证的是（　　）。
   A. 入库单
   B. 发料汇总表
   C. 银行收账通知单
   D. 出库单
2. 下列不属于会计凭证的有（　　）。
   A. 发货票　　B. 领料单　　C. 购销合同　　D. 住宿费收据
3. 自制原始凭证按其填制手续不同可分为（　　）。
   A. 一次凭证和汇总凭证
   B. 单式凭证和复式凭证
   C. 收款凭证、付款凭证、转账凭证
   D. 一次凭证、累计凭证、汇总原始凭证和记账编制凭证
4. 下列业务应编制转账凭证的是（　　）。
   A. 支付购买材料价款
   B. 支付材料运杂费
   C. 收回出售材料款
   D. 车间领用材料
5. 企业将现金存入银行应编制（　　）。
   A. 银行存款付款凭证
   B. 现金付款凭证
   C. 银行存款收款凭证
   D. 现金收款凭证
6. 外来原始凭证一般都是（　　）。
   A. 一次凭证　　B. 累计凭证　　C. 汇总原始凭证　　D. 记账凭证
7. 将会计凭证分为原始凭证和记账凭证的依据是（　　）。
   A. 填制时间
   B. 取得来源
   C. 填制的程序和用途
   D. 反映的经济内容
8. 将记账凭证分为收款凭证、付款凭证、转账凭证的依据是（　　）。
   A. 凭证填制的手续
   B. 凭证的来源
   C. 凭证所反映经济业务内容
   D. 所包括的会计科目是否单一
9. 根据账簿记录和经济业务的需要而编制的自制原始凭证是（　　）。
   A. 转账凭证
   B. 累计凭证
   C. 限额领料单
   D. 记账编制凭证
10. 填制原始凭证时应做到大小写数字符合规范，填写正确。如大写金额"壹仟零壹元伍角整"，其小写应为（　　）。
    A. 1 001.50元
    B. ￥1 001.50
    C. ￥1 001.50元
    D. ￥1 001.5

二、多项选择题

1. 下列属于一次原始凭证的有（　　）。
   A. 限额领料单　　B. 领料单　　C. 领料登记表
   D. 购货发票　　E. 销货发票

2. 企业购入材料一批,货款用银行存款支付,材料验收入库,则应编制的全部会计凭证是( )。
　　A. 收料单　　　　　　B. 累计凭证　　　　C. 收款凭证
　　D. 付款凭证　　　　　E. 转账凭证

3. 下列属于原始凭证的有( )。
　　A. 发出材料汇总表　　B. 汇总收款凭证　　C. 购料合同
　　D. 限额领料单　　　　E. 收料单

4. 下列科目中可能成为付款凭证借方科目的有( )。
　　A. 现金　　　　　　　B. 银行存款　　　　C. 应付账款
　　D. 应交税金　　　　　E. 营业费用

5. 涉及现金与银行存款相互划转的业务应编制的记账凭证有( )。
　　A. 现金收款凭证　　　B. 现金付款凭证　　C. 银行存款收款凭证
　　D. 银行存款付款凭证　E. 转账凭证

6. 下列凭证中,属于汇总原始凭证的有( )。
　　A. 发料汇总表　　　　B. 制造费用分配表　C. 发货票
　　D. 现金收入汇总表　　E. 工资结算汇总表

7. 下列凭证中,属于复式记账凭证的有( )。
　　A. 单科目凭证　　　　B. 收款凭证　　　　C. 付款凭证
　　D. 转账凭证　　　　　E. 通用记账凭证

8. 收款凭证和付款凭证是( )。
　　A. 登记现金、银行存款日记账的依据
　　B. 编制报表的直接依据
　　C. 调整和结转有关账项的依据
　　D. 成本计算的依据
　　E. 出纳人员办理收、付款项的依据

9. 填制原始凭证时应做到( )。
　　A. 遵纪守法　　　　　B. 记录真实　　　　C. 填写认真
　　D. 内容完整　　　　　E. 会计科目正确

10. 下列记账凭证中,属于复式记账凭证的有( )。
　　A. 单科目凭证　　　　B. 收款凭证　　　　C. 付款凭证
　　D. 转账凭证　　　　　E. 通用记账凭证

三、判断题

1. 一次凭证是指只反映一项经济业务的凭证,如"领料单"。( )

2. 累计凭证是指在一定时期内连续记载若干项同类经济业务,其填制手续是随经济业务发生而分次完成的凭证,如"限额领料单"。( )

3. 汇总原始凭证是指在会计核算工作中,为简化记账凭证编制工作,将一定时期内若干份记录同类经济业务的记账凭证加以汇总,用以集中反映某项经济业务总括发生情况的会计凭证。( )

4. 在一笔经济业务中,如果既涉及现金和银行存款的收付又涉及转账业务时,应同时

填制收(或付)款凭证和转账凭证。（　　）

5. 原始凭证是登记日记账、明细账的根据。（　　）

6. 制造费用分配表是记账编制凭证。（　　）

7. 将记账凭证分为收款凭证、付款凭证、转账凭证的依据是凭证填制的手续和凭证的来源。（　　）

8. 根据账簿记录和经济业务的需要而编制的自制原始凭证是记账编制凭证。（　　）

9. 会计凭证登账后的整理、装订和归档 2 年后可销毁。（　　）

10. 根据一定期间的记账凭证全部汇总填制的凭证如"科目汇总表"是一种累计凭证。（　　）

第四章 会计账簿

内容提要

本章在会计凭证的基础上进一步介绍会计账簿,会计账簿作为会计实务的中间环节,起到衔接会计凭证和会计报表的桥梁作用。本章主要介绍了会计账簿概述、会计账簿的设置与登记、错账的更正及对账,以及期末账项调整和结账。

学习目标与要求

通过本章的学习,首先需要了解会计账簿的种类,以及各种会计账簿的适用情形,能够做到准确匹配。其次,需要掌握会计账簿在设置和登记环节的注意事项,做到在会计实务中的灵活应用。再次,掌握会计账簿的错账更正方法以及对账程序。最后,学习期末账项调整的原理和方法,以及期末结账的内容和程序。

第一节 会计账簿概述

一、会计账簿的概念

会计账簿,简称账簿,是指由一定格式的账页组成的,以经过审核的会计凭证为依据,全面、系统、连续地记录各项经济业务的簿籍。

会计账簿和会计凭证都是记录经济业务的会计资料,但二者记录的方式不同。会计凭证对经济业务的记录是零散的,不能全面、连续、系统地反映和监督经济业务内容;会计账簿对经济业务的记录是分类、序时、全面、连续的,能够把分散在会计凭证中的大量核算资料加以集中,为经营管理提供系统、完整的核算资料。

设置和登记账簿,是编制财务报表的基础,是连接会计凭证和财务报表的中间环节。

二、会计账簿的作用

(一)提供系统、完整的会计核算资料

会计账簿可以对零散的会计资料进行归类和汇总。通过会计账簿对会计信息进行记录登记,可以对经济业务的发生进行序时性、分类性的核算,同时提供各会计账户的总括以及明细的核算记录。企业采用登记会计账簿的方法,把分散在会计凭证上的零散的资料,加以集中和分类整理,取得经营管理所需要的信息资料。

(二)有效发挥会计的监督职能

在会计实务中,会计账簿作为重要的会计资料,可以通过日常监督以及账实核对的程序来反映会计的监督职能。会计账簿是经济活动的重要证明,除了对企业的资金活动进行监督之外,还包括对会计账簿自身的监督,分为是否按规定设置账簿、是否存在账外设账的行为、是否存在伪造会计账簿的行为、是否存在变造会计账簿的行为等。

(三)编制会计报表的主要依据

会计账簿处于会计核算的中间环节,起到衔接会计凭证和会计账簿的桥梁作用。会计账簿的记录内容是编制财务报表的重要依据。财务报告的会计信息质量与会计账簿的设置及登记质量密切相关。为了确保会计报表的真实性以及公允性,企业的会计人员需要保证会计账簿的及时性和准确性。

(四)进行财务分析的重要依据

财务报表作为会计信息的输出终端,其报表数字的终端主要来源于会计账簿,重要的是信息使用者可以通过会计账簿有效查阅到会计实务发生的具体情况。通过记录会计账簿的核算资料,检查、分析、评价、监控企业单位的经济活动情况,提高经营管理水平。

三、会计账簿的种类

会计账簿可以按照用途、账页格式、外形特征等进行分类。

(一)按用途分类

会计账簿按照用途,可以分为序时账簿、分类账簿和备查账簿。

1. 序时账簿

序时账簿,又称日记账,是按照经济业务发生时间的先后顺序逐日、逐笔登记的账簿。我国企业、行政事业单位中,库存现金日记账和银行存款日记账是应用比较广泛的日记账。

2. 分类账簿

分类账簿,是指按照分类账户设置登记的账簿。分类账簿是会计账簿的主体,也是编制财务报表的主要依据。账簿按其反映经济业务的详略程度,可分为总分类账簿和明细分类账簿。

其中,总分类账簿,简称总账,是根据总分类账户开设的,总括地反映某经济活动。总分类账簿主要为编制财务报表提供直接数据资料,通常采用三栏式;明细分类账簿,简称明细账,是根据明细分类账户开设的,用来提供明细的核算资料。明细分类账簿可采用的格式主要有三栏式明细账。

3. 备查账簿

备查账簿，又称辅助登记簿或补充登记簿，是指对某些在序时账簿和分类账簿中未能记载或记载不全的经济业务进行补充登记的账簿。例如，反映企业租入固定资产的"租入固定资产登记簿"、反映为其他企业代管商品的"代管商品物资登记簿"等。备查账簿只是对其他账簿记录的一种补充，与其他账簿之间不存在严密的依存和勾稽关系。备查账簿根据企业的实际需要设置，没有固定的格式要求。

（二）按账页格式分类

会计账簿按照账页格式，主要分为三栏式账簿、多栏式账簿、数量金额式账簿。

1. 三栏式账簿

三栏式账簿是指设有借方、贷方和余额三个金额栏目的账簿。三栏式的账页是最简单的一种格式，几乎适用于所有的账簿，金额栏最少应当分别设"借方""贷方""余额"三个栏次。

不同的账簿，记账要求即使不同，其格式也不外乎三栏式的变形。现金日记账、银行存款日记账、资本类、债权债务类明细账、总分类账等，都可以采用三栏式账簿。

根据账簿摘要栏和借方金额栏之间是否设"对方科目"栏，又分为设对方科目和不设对方科目两种，前者称为设对方科目栏的三栏式账簿，后者称为不设对方科目栏的三栏式账簿，也称一般三栏式账簿。

2. 多栏式账簿

多栏式账簿是指在账簿的两个金额栏目(借方和贷方)按需要分设若干专栏的账簿。按照专栏设置的具体位置，多栏式账簿又可以细分为借方多栏式账簿、贷方多栏式账簿和借贷方多栏式账簿三种形式。

（1）借方多栏式账簿是指账簿的借方金额栏分设若干专栏的多栏式账簿，一般适用于成本、费用明细账，如生产成本明细账、管理费用明细账等。

（2）贷方多栏式账簿是指账簿的贷方金额栏分设若干专栏的多栏式账簿，一般适用于收入明细账，如主营业务收入明细账等。

（3）借贷方多栏式账簿是指账簿的借方金额栏和贷方金额栏分别分设若干专栏的多栏式账簿，最典型的适用对象是一般纳税人使用的应交增值税明细账。

3. 数量金额式账簿

数量金额式账簿是指在账簿的借方、贷方和余额三个栏目内，每个栏目再分设数量、单价和金额三小栏，借以反映财产物资的实物数量和价值量的账簿。

（三）按外形特征分类

会计账簿按照外形特征，可以分为订本式账簿、活页式账簿、卡片式账簿。

1. 订本式账簿

订本式账簿，简称订本账，是在启用前将编有顺序页码的一定数量账页装订成册的账簿。订本式账簿的优点是能防止账页散失和抽换账页；其缺点是不能准确为各账户预留账页，且在同一时间内只能由一人登记，不便于记账人员分工协作记账，欠灵活性。

因此，订本式账簿，一般适用于具有统驭性、重要性，只应该或只需要一个人登记的账簿,对于库存现金日记账、银行存款日记账以及总分类账一般都使用订本式账簿。

2. 活页式账簿

活页式账簿,简称活页账,是将一定数量的账页置于活页夹内,可根据记账内容的变化而随时增加或减少部分账页的账簿。活页式账簿的优点是记账时可以根据实际需要,随时将空白账页装入账簿,或抽去不需要的账页,便于分工记账;缺点是如果管理不善,可能会造成账页散失或故意抽换账页。活页式账簿一般适用于明细分类账。

3. 卡片式账簿

卡片式账簿,简称卡片账,是将一定数量的卡片式账页存放于专设的卡片箱中,可以根据需要随时增添账页的账簿。

采用这种账簿,灵活方便,可以使记录的内容详细具体,可以跨年度使用而无需更换账页,也便于分类汇总和根据管理的需要转移卡片,但这种账簿的账页容易散失和被抽换。因此,记账人员在使用卡片式账簿时,应在卡片上连续编号,以保证安全。

第二节 会计账簿的设置与登记

一、会计账簿的基本内容

实际工作中,由于各种会计账簿所记录的经济业务不同,账簿的格式也多种多样,但各种账簿都应具备以下基本内容:

(一) 封页

主要用来标明账簿的名称,如总分类账、各种明细分类账、库存现金日记账、银行存款日记账等。

(二) 扉页

主要用来列明会计账簿的使用信息,如科目索引、账簿启用和经管人员一览表等。

(三) 账页

账页是用来记录经济业务的主要载体,也是会计账簿的主体。由于账页所反映的会计要素的具体内容不同,可以有不同的格式,但是各种格式的账页都应具备以下基本内容:① 账户的名称;② 日期栏;③ 凭证种类和编号栏;④ 摘要栏;⑤ 金额栏;⑥ 总页次和分户页次等基本内容。

二、会计账簿的启用

启用会计账簿时,应当在账簿封面上写明单位名称和账簿名称(表4.1),并在账簿扉页上附启用表。启用订本式账簿应当从第一页到最后一页顺序编定页数,不得跳页、缺号。

活页式账簿按账户顺序编号,定期装订成册,装订后按实际使用的账页顺序编定页码,另加目录以便于记明每个账户的名称和页次。为了保证账簿记录的正确性,必须根据审核无误的会计凭证登记会计账簿,并符合有关法律、行政法规和国家统一的会计制度的规定。

表4.1 启用表

单位名称 账簿名称			全宗号目录号	
账簿页数	自第 页起至 第 页止共 页		案宗号	
			盒号	
使用日期	自 年 月 日 至 年 月 日		保管期限	
单位领导人签章			会计主管人员签章	
经管人员职别	姓名	经管或接管日期	签章	移交日期	签章
		年 月 日		年 月 日	

三、会计账簿的登记

(一)会计账簿的登记要求

(1)登记会计账簿时,应当将会计凭证日期、编号、业务内容摘要、金额和其他有关资料逐项记入账内。账簿记录中的日期,应该填写记账凭证上的日期;以自制原始凭证(如收料单、领料单等)作为记账依据的,账簿记录中的日期应按有关自制凭证上的日期填列。

(2)为了保持账簿记录的持久性,防止涂改,登记账簿必须使用蓝黑墨水或碳素墨水书写,不得使用圆珠笔(银行的复写账簿除外)或者铅笔书写。以下情况可以使用红墨水记账:

① 按照红字冲账的记账凭证,冲销错误记录。
② 在不设借、贷等栏的多栏式账页中,登记减少数。
③ 在三栏式账户的余额栏前,如未印明余额方向的,在余额栏内登记负数余额。
④ 根据国家规定可以用红字登记的其他会计记录。

除上述情况外,不得使用红色墨水登记账簿。

(3)会计账簿应当按照连续编号的页码顺序登记。记账时发生错误或者隔页、缺号、跳行的,应在空页、空行处用红色墨水画对角线注销,或者注明"此页空白"或"此行空白"字样,并由记账人员和会计机构负责人(会计主管人员)在更正处签章。

(4)凡需要结出余额的账户,结出余额后,应当在"借或贷"栏目内注明"借"或"贷"字样,以示余额的方向;对于没有余额的账户,应在"借或贷"栏内写"平"字,并在"余额"栏"元"位处用"0"表示。库存现金日记账和银行存款日记账必须逐日结出余额。

(5) 每一账页登记完毕时,应当结出本页发生额合计及余额,在该账页最末一行"摘要"栏注明"转次页"或"过次页",并将这一金额记入下一页第一行有关金额栏内,该行"摘要"栏注明"承前页",以保持账簿记录的连续性,便于对账和结账。

(6) 当账簿记录发生错误时,不得刮擦、挖补或用退色药水更改字迹,而应采用规定的方法更正。

(二) 日记账的格式与登记

日记账是按照经济业务发生或完成的时间先后顺序逐日逐笔进行登记的账簿。

1. 库存现金日记账的格式与登记方法

库存现金日记账(表4.2)是用来核算和监督库存现金日常收、付和结存情况的序时账簿。库存现金日记账的格式主要是三栏式,库存现金日记账必须使用订本账。

三栏式库存现金日记账是用来登记库存现金的增减变动及其结果的日记账。设借方、贷方和余额三个金额栏目,一般将其分别称为收入、支出和结余三个基本栏目。

三栏式库存现金日记账是由出纳人员根据库存现金收款凭证、库存现金付款凭证以及银行存款的付款凭证,按照库存现金收、付款业务和银行存款付款业务发生时间的先后顺序逐日逐笔登记。

表 4.2　库存现金日记账

第　页

年		凭证		摘要	对方科目	收入	支出	余额
月	日	字	号					
				合计				

2. 银行存款日记账的格式与登记方法

银行存款日记账(表4.3)是用来核算和监督银行存款每日的收入、支出和结余情况的账簿。银行存款日记账应按企业在银行开立的账户和币种分别设置,每个银行账户设置一本日记账。由出纳人员根据与银行存款收付业务有关的记账凭证,按时间先后顺序逐日逐笔进行登记。根据银行存款收款凭证和有关的库存现金付款凭证登记银行存款收入栏,根据银行存款付款凭证登记其支出栏,每日结出存款余额。

表 4.3　银行存款日记账

第　页

年		凭证		摘要	结算凭证		对方科目	收入	付出	余额
月	日	字	号		种类	号数				

（三）总分类账的格式与登记

1. 总分类账的格式

总分类账是指按照总分类账户分类登记以提供总括会计信息的账簿。总分类账最常用的格式为三栏式，设有借方、贷方和余额三个金额栏目。

2. 总分类账的登记方法

总分类账（表4.4）的登记方法因登记的依据不同而有所不同。经济业务少的小型单位的总分类账可以根据记账凭证逐笔登记；经济业务多的大中型单位的总分类账可以根据记账凭证汇总表（又称科目汇总表）或汇总记账凭证等定期登记。

表4.4 总分类账

账户名称： 第 页

年		凭证		摘要	借方	贷方	借或贷	余额
月	日	字	号					

（四）明细分类账的格式与登记

明细分类账是根据有关明细分类账户设置并登记的账簿，一般采用活页式账簿、卡片式账簿。明细分类账一般根据记账凭证和相应的原始凭证来登记。根据各种明细分类账所记录经济业务的特点，明细分类账的常用格式主要有以下三种：

1. 三栏式

三栏式账页（表4.5）是设有借方、贷方和余额三个栏目，用以分类核算各项经济业务，提供详细核算资料的账簿，其格式与三栏式总账格式相同。

表4.5 明细分类账（三栏式）

二级或明细科目： 第 页

年		凭证		摘要	借方	贷方	借或贷	余额
月	日	字	号					

2. 多栏式

多栏式账页（表4.6）是将属于同一个总账科目的各个明细科目合并在一张账页上进行登记，即在这种格式账页的借方或贷方金额栏内按照明细项目设若干专栏。这种格式适用于收入、成本、费用类账户的明细核算。

表 4.6 明细分类账(多栏式)

产品名称：   第　页

年		凭证		摘要	借方				贷方	余额
月	日	字	号		直接材料	直接人工	制造费用	合计		

3. 数量金额式

数量金额式账页适用于既要进行金额核算又要进行数量核算的账户，如原材料、库存商品等存货账户，其借方(收入)、贷方(发出)和余额(结存)都分别设有数量、单价和金额三个专栏。

数量金额式账页(表 4.7)提供了企业有关财产物资数量和金额收、发、存的详细资料，从而能加强财产物资的实物管理和使用监督，保证这些财产和物资的安全完整。

表 4.7 明细分类账(数量金额式)

二级或明细科目：　　类别：　　品名规格：　　计量单位：　　编号：　　　　　第　页

年		凭证		摘要	收入			发出			结存		
月	日	字	号		数量	单价	金额	数量	单价	金额	数量	单价	金额

第三节　错账的更正及对账

一、更正错账的方法

在记账过程中，可能由于种种原因会使账簿记录发生错误。对于发生的账簿记录错误应当采用正确、规范的方法予以更正，不得涂改、挖补、刮擦或者用药水消除字迹，不得重新抄写。错账更正的方法一般有划线更正法、红字更正法和补充登记法三种。

（一）划线更正法

结账前发现账簿记录有文字或数字错误，而记账凭证没有错误，应当采用划线更正法。更正时，可在错误的文字或数字上画一条红线，在红线的上方填写正确的文字或数字，并由记账人员和会计机构负责人(会计主管人员)在更正处盖章，以明确责任，需要注意的是，更正时不得只划销错误数字，应将全部数字划销，并保持原有数字清晰可辨，以便审查。

（二）红字更正法

红字更正法，是指用红字冲销原有错误的凭证记录及账户记录，以更正或调整账簿记录的一种方法。适用于以下两种情形：

【例 4-1】 某企业月底计提生产设备折旧 1 000 000 元。正确的会计处理为：

借：制造费用　　　　　　　　　　　　　　　　　　1 000 000
　　贷：累计折旧　　　　　　　　　　　　　　　　　　1 000 000

(1) 记账后发现记账凭证中的应借、应贷会计科目有错误所引起的记账错误。

更正方法：红字填写一张与原记账凭证完全相同的记账凭证，在摘要栏内注明"注销某月某日某号凭证"，并据以用红字登记入账，以示注销原记账凭证，然后用蓝字填写一张正确的记账凭证，并据以用蓝字登记入账。

【例 4-2】 上述业务错误处理为：

借：管理费用　　　　　　　　　　　　　　　　　　1 000 000
　　贷：累计折旧　　　　　　　　　　　　　　　　　　1 000 000

更正方法：

借：管理费用　　　　　　　　　　　　　　　　　　 1 000 000
　　贷：累计折旧　　　　　　　　　　　　　　　　　　 1 000 000
借：制造费用　　　　　　　　　　　　　　　　　　1 000 000
　　贷：累计折旧　　　　　　　　　　　　　　　　　　1 000 000

（注： 1 000 000 表示红字金额）

(2) 记账后发现记账凭证和账簿记录中应借、应贷会计科目无误，只是所记金额大于应记金额所引起的记账错误。

更正方法：按多记的金额用红字编制一张与原记账凭证应借、应贷科目完全相同的记账凭证，在摘要栏内注明"冲销某月某日第×号记账凭证多记金额"，以冲销多记金额，并据以用红字登记入账。

【例 4-3】 例 4-1 业务错误处理为：

借：制造费用　　　　　　　　　　　　　　　　　　10 000 000
　　贷：累计折旧　　　　　　　　　　　　　　　　　　10 000 000

更正方法：

借：制造费用　　　　　　　　　　　　　　　　　　 9 000 000
　　贷：累计折旧　　　　　　　　　　　　　　　　　　 9 000 000

（三）补充登记法

补充登记法，是指用蓝字补记金额，以更正原错误账簿记录的一种方法。

适用的情况：在记账后，发现记账凭证与账簿中所记金额小于应记金额，而科目对应关系无误时采用的一种更正方法。

更正方法：按少记的金额用蓝字填制一张与原记账凭证应借、应贷科目完全相同的记账凭证，在摘要栏内写明"补记某月某日第×号记账凭证少记金额"，以补充少记的金额，并据以用蓝字登记入账。

【例 4-4】 例 4-1 业务错误处理为：

借：制造费用　　　　　　　　　　　　　　　　　　　800 000
　　贷：累计折旧　　　　　　　　　　　　　　　　　　　　800 000
更正方法：
借：制造费用　　　　　　　　　　　　　　　　　　　200 000
　　贷：累计折旧　　　　　　　　　　　　　　　　　　　　200 000

二、对账

对账，是对账簿记录所进行的核对，也就是核对账目。对账工作一般在记账之后结账之前，即在月末进行。对账一般可以分为账证核对、账账核对和账实核对。

（一）账证核对

是指将账簿记录与会计凭证核对，核对账簿记录与原始凭证、记账凭证的时间、凭证字号、内容、金额等是否一致，记账方向是否相符，做到账证相符。

（二）账账核对

账账核对的内容主要包括：
(1) 总分类账簿之间的核对。按照"资产＝负债＋所有者权益"这一会计等式和"有借必有贷，借贷必相等"的记账规则，总分类账簿各账户的期初余额、本期发生额和期末余额之间存在对应平衡关系，各账户的期末借方余额合计和贷方余额合计也存在平衡关系。通过这种等式平衡关系，可以检查总账记录是否正确、完整。
(2) 总分类账簿与所辖明细分类账簿之间的核对。总分类账各账户的期末余额应与其所辖各明细分类账的期末余额之和核对相符。
(3) 总分类账簿与序时账簿之间的核对。主要是指库存现金总账和银行存款总账的期末余额，与库存现金日记账和银行存款日记账的期末余额之间的核对。
(4) 明细分类账簿之间的核对。例如，会计机构有关实物资产的明细账与财产物资保管部门或使用部门的明细账定期核对，以检查余额是否相符。核对方法一般是由财产物资保管部门或使用部门定期编制收发结存汇总表报会计机构核对。

（三）账实核对

是指各项财产物资、债权债务等账面余额与实有数额之间的核对。账实核对的内容主要包括：
(1) 库存现金日记账账面余额与库存现金实际库存数逐日核对是否相符。
(2) 银行存款日记账账面余额与银行对账单的余额定期核对是否相符。
(3) 各项财产物资明细账账面余额与财产物资的实有数额定期核对是否相符。
(4) 有关债权债务明细账账面余额与对方单位的账面记录核对是否相符。

第四节　期末账项调整和结账

一、期末账项调整

账项调整指的是根据权责发生制原则和收入与费用的配比原则对账户进行的一种调整。权责发生制也称应计制或应收应付制,它是指收入、费用的确认应当以收入和费用的实际发生而非实际收支作为确认的标准。凡是当期已经实现的收入和已经发生或应当负担的费用,不论款项是否收付,都应当作为当期的收入和费用,计入利润表。凡是不属于当期的收入和费用,即使款项已在当期收付,也不应当作为当期的收入和费用。与权责发生制相对应的是收付实现制,也称现金制,是指以实际收到或支付现金作为确认收入和费用的标准。我国的《企业会计准则》规定,企业会计的确认、计量和报告应当以权责发生制为基础。

（一）属于本期收入,尚未收到款项的账项调整

企业在本期已向其他单位或个人提供商品或劳务,或财产物资使用权,理应获得属于本期的收入,但由于尚未完成结算过程,或延期付款的原因,致使本期的收入尚未收到。按权责发生制原则,凡属于本期的收入,不管其款项是否收到,都应作为本期收入,期末是将尚未收到的款项调整入账。

【例4-5】 某企业购买债券的本月应计利息为3 000元,但暂未收到投资方付给的利息款。应编制如下调整分录,并登记入账。

借:应收利息　　　　　　　　　　　　　　　　　　　　3 000
　　贷:投资收益　　　　　　　　　　　　　　　　　　　　3 000

（二）本期已付款,而不属于或不完全属于本期费用的账项调整

本期已付款入账,但应由本期和以后各期分别负担的费用,在计算本期费用时,应该将这部分费用进行调整。预付的各项支出既不属于或不完全属于本期费用,就不能直接全部记入本期有关费用账户,应先记入资产类"待摊费用"账户。

【例4-6】 某企业于本月应分摊企业开办期间发生的筹建支出4 500元。月末结账时,应编制如下调整分录,并登记入账。

借:管理费用　　　　　　　　　　　　　　　　　　　　4 500
　　贷:长期待摊费用　　　　　　　　　　　　　　　　　　4 500

（三）属于本期费用,尚未支付款项的账项调整

企业在本期已耗用,或本期已受益的支出,理应归属为本期发生的费用。由于这些费用尚未支付,故在日常的账簿记录中尚未登记入账。按权责发生制的规定,凡属于本期的费

用,不管其款项是否支付,都应作为本期费用处理。期末应将那些属于本期费用,而尚未支付的费用调整入账。

【例 4-7】 某企业本月应承担的水电费 100 元,尚未支付。

借:管理费用　　　　　　　　　　　　　　　　　　　　　　　　100
　贷:其他应付款　　　　　　　　　　　　　　　　　　　　　　　　100

（四）本期已收款,而不属于或不完全属于本期收入款项的账项调整

本期已收款入账,因尚未向付款单位提供商品或劳务,或财产物资使用权,不属于本期收入的预收款项,是一种负债性质的预收收入。在计算本期收入时,应该将这部分预收收入进行账项调整,记入"预收账款"科目,待确认为本期收入后,再从"预收账款"科目转入有关收入科目。

【例 4-8】 某企业预收客户单位半年的咨询费 6 000 元,本月提供的服务价值 2 000 元。

借:预收账款　　　　　　　　　　　　　　　　　　　　　　　　2 000
　贷:其他业务收入　　　　　　　　　　　　　　　　　　　　　　　2 000

二、结账

结账是将账簿记录定期结算清楚的会计工作。在一定时期结束时（如月末、季末或年末),为了编制财务报表,需要进行结账,具体包括月结、季结和年结。

（一）结账的内容

(1) 结清各种损益类账户,并据以计算确定本期利润。
(2) 结出各资产、负债和所有者权益账户的本期发生额合计和期末余额。

（二）结账的程序

(1) 结账前,将本期发生的经济业务全部登记入账,并保证其正确性。对发现的错误,应采用适当的方法进行更正。
(2) 在本期经济业务全面入账的基础上,根据权责发生制的要求,调整有关账项,合理确定应计入本期的收入和费用。
(3) 将各损益类账户余额全部转入"本年利润"账户,结平所有损益类账户。
(4) 结出资产、负债和所有者权益账户的本期发生额和余额,并转入下期。

上述工作完成后,就可以根据总分类账和明细分类账的本期发生额和期末余额,分别进行试算平衡。

（三）结账的要点

(1) 对不需按月结计本期发生额的账户,如各项应收、应付款明细账和各项财产物资明细账等,每次记账以后,都要随时结出余额,每月最后一笔余额是月末余额。月末结账时,只

需要在最后一笔经济业务记录下面通栏划单红线,不需要再次结计余额。

(2) 库存现金、银行存款日记账和需要按月结计发生额的收入、费用等明细账,每月结账时,要在最后一笔经济业务记录下面通栏划单红线,结出本月发生额和余额,在摘要栏内注明"本月合计"字样,并在下面通栏画单红线。

(3) 对需要结计本年累计发生额的明细账户,每月结账时,应在"本月合计"行下结出自年初起至本月末止的累计发生额,登记在月份发生额下面,在摘要栏内注明"本年累计"字样,并在下面通栏划单红线。12月末的"本年累计"就是全年累计发生额,全年累计发生额下通栏划双红线。

(4) 总账账户平时只需结出月末余额。年终结账时,为了总括地反映全年各项资金运动情况的全貌,核对账目,要将所有总账账户结出全年发生额和年末余额,在摘要栏内注明"本年合计"字样,并在合计数下通栏画双红线。

(5) 年度终了结账时,有余额的账户,应将其余额结转下年,并在摘要栏注明"结转下年"字样;在下一会计年度新建有关账户的第一行余额栏内填写上年结转的余额,并在摘要栏注明"上年结转"字样,使年末有余额账户的余额如实地在账户中加以反映,以免混淆有余额的账户和无余额的账户。

课 后 习 题

一、单项选择题

1. 下列( )账簿不可以采用三栏式账页登记。
   A. 原材料明细账 B. 应收账款总账
   C. 应付账款总账 D. 银行存款日记账

2. 下列说法错误的是( )。
   A. 银行存款日记账采用三栏式账簿 B. 产成品明细账采用数量金额式账簿
   C. 生产成本明细账采用三栏式账簿 D. 管理费用明细账采用多栏式账簿

3. 在登记账簿的过程中,每一账页的最后一行及下一页第一行都要办理转页手续,是为了( )。
   A. 便于查账 B. 防止遗漏 C. 防止隔页 D. 保持记录的连续性

4. 库存现金日记账的账簿形式应该是( )。
   A. 三栏式活页账簿 B. 多栏式活页账簿
   C. 两栏式订本序时账簿 D. 三栏式订本序时账簿

5. 下列各项中,出纳人员根据会计凭证登记现金日记账正确的做法是( )。
   A. 根据库存现金收付业务凭证逐笔、序时登记
   B. 根据现金收付款凭证金额相抵的差额登记
   C. 将现金收款凭证汇总后再登记
   D. 将现金付款凭证汇总后再登记

6. 采用划线更正法,是因为( ),导致账簿记录错误。
   A. 记账凭证上会计科目或记账方向错误
   B. 记账凭证正确,在记账时发生错误

C. 记账凭证上会计科目或记账方向正确,所记金额大于应记金额

D. 记账凭证上会计科目或记账方向正确,所记金额小于应记金额

7. 红字更正法的适用范围是( )。

   A. 记账凭证中会计科目或借贷方向正确,所记金额小于应记金额,导致账簿记录错误

   B. 记账凭证中会计科目或借贷方向正确,所记金额大于应记金额,尚未登记入账

   C. 记账凭证中会计科目或借贷方向错误,导致账簿记录错误

   D. 记账凭证正确,登记账簿时发生文字或数字错误

8. 采用补充登记法,是因为( ),导致账簿记录错误。

   A. 记账凭证上会计科目错误或者借贷方向错误

   B. 记账凭证正确但在登记账簿时发生文字或数字错误

   C. 记账凭证上会计科目或记账方向正确,所记金额大于应记金额

   D. 记账凭证上会计科目或记账方向正确,所记金额小于应记金额

9. 对账时,账实核对不包括( )。

   A. 总账各账户的余额核对

   B. 库存现金日记账账面余额与库存现金实际库存数的核对

   C. 财产物资明细账账面余额与财产物资实存数的核对

   D. 银行存款日记账账面余额与银行对账单的核对

10. 对账的内容不包括( )。

   A. 证证核对   B. 账证核对   C. 账账核对   D. 账实核对

11. 结账时,应当划通栏双红线的情形是( )。

   A. 12月末结出全年累计发生额后   B. 各月末结出本年累计发生额后

   C. 结出本季累计发生额后   D. 结出当月发生额后

二、多项选择题

1. 可以用三栏式明细分类核算的有( )。

   A. 管理费用   B. 预收账款

   C. 应收账款   D. 主营业务收入

2. 可以用多栏式明细分类核算的有( )。

   A. 管理费用   B. 实收资本   C. 生产成本   D. 原材料

3. 在会计账簿登记中,可以用红色墨水记账的有( )。

   A. 更正会计科目和金额同时错误的记账凭证

   B. 登记减少数

   C. 未印有余额方向的,在余额栏内登记相反方向数额

   D. 更正会计科目正确但金额多记的记账凭证

4. 下列各项中,可以作为登记库存现金日记账凭证依据的有( )。

   A. 库存现金收款凭证

   B. 库存现金付款凭证

   C. 银行存款收款凭证

   D. 银行存款付款凭证

5. 下列关于会计账簿登记要求的说法中,正确的有( )。
   A. 可以用圆珠笔或者铅笔书写
   B. 记账时发生错误或者隔页的,可以直接撕掉该账页
   C. 未印有余额方向的,可以用红字墨水在余额栏内登记相反方向数额
   D. 账簿发生错误时,不得刮擦、挖补

6. 下列各项中,应该采用红字更正法更正的错误有( )。
   A. 账簿记录有文字或数字错误,而记账凭证没有错误
   B. 记账凭证的应贷会计科目有错误
   C. 记账凭证的会计科目正确,但所记金额小于应记金额
   D. 记账凭证的会计科目正确,但所记金额大于应记金额

三、判断题

1. 备查账也称辅助账,与其他账簿之间不存在相互依存和勾稽关系。( )
2. 为便于管理,"应收账款""应付账款"的明细账采取多栏式明细分类账。( )
3. 企业应当设置库存现金总账和库存现金日记账,分别进行库存现金的总分类核算和明细分类核算。( )
4. 总分类账必须采用订本式的三栏式账户。( )
5. 银行存款日记账可以采用活页式账簿、多栏式账页。( )

第五章 财产清查

内容提要

本章主要介绍了财产清查的意义、种类，财产清查的内容与方法，财产清查结果的处理。财产清查的方法及其结果的账务处理是本章重点阐述的内容，包括财产物资的盘存制度、货币资金的清查、实物财产的清查、往来款项的清查等。

学习目标与要求

通过本章的学习，认识财产清查的重要性，掌握财产清查的基本方法及其应用，掌握财产物资的盘存制度以及财产清查结果的账务处理。

第一节 财产清查概述

一、财产清查的概念

财产是指拥有的金钱、物资、房屋、土地等物质财富，财产可分为有形财产与无形财产。通过凭证的审核与填制、账簿的登记与核对工作，企业各项财产物资的增减变动和结存情况，在账簿记录中得以如实反映。

实务工作中，账簿记录的正确性不代表各财产物资实际结存数的正确性，即使在账账相符、账证相符的情况下，财产物资的账面数与实际数仍可能出现不一致。例如，财产物资在运输、保管或收发过程中，由于自然损耗、计量、检验不准确而导致的品种、数量或质量上的差错、损失；因内部控制不健全、工作人员失职而造成财产物资的腐烂变质、损毁或短缺；因贪污腐败、徇私舞弊等违法行为造成的财产短缺；结算过程中因未达账项或拒付而引起的银行存款及往来账项的账实不符。

为了保证会计信息的真实性和准确性，确保企业财产物资的完整无损，还必须做到账实相符，因此在会计核算过程中必须进行财产清查。

财产清查是一种专门的会计核算方法，是指根据账簿记录，通过对各项财产物资、货币资金、往来款项的实地盘点、核对或查询，来确定各项财产物资、货币资金、往来款项的实际结存数，并与已登记账存数进行核对，据以查明账实是否相符的一种专门方法。

二、财产清查的意义

财产清查作为一种专门的会计核算方法,同时也是企业实施内部控制进行会计监督的手段。财产清查的意义主要体现在以下几个方面:

(一)保证会计核算资料的真实性和准确性

通过财产清查,可以确定各项财产物资的实存数,经过与其账存数核对,查明账实是否相符,若账实不符,进一步查明原因,并及时调整账存记录,做到账实相符,保证会计记录的真实性,为编制会计报表奠定基础。

(二)保证财产物资的安全完整,提高资金使用效率

通过财产清查,不仅对财产物资的账实核对,也进一步查明了财产物资的存储和使用情况,存储不足应及时补充,多余积压应及时处置,总结财产物资的使用情况,并予以优化,促进财产物资的有效使用,充分发挥其潜力,加速资金周转,避免资源浪费。

(三)保证财经纪律和结算纪律的有效执行

通过财产清查,可以查明货币资金是否符合结算管理规定,债权债务等往来账项是否结算及时,已确认的坏账是否按规定处理,是否存在长期挂账和长期拖欠现象,以维护结算纪律和商业信用。

(四)完善财产管理物资的内部控制制度

通过财产清查发现的账实不符,不论是财产物资的盘盈还是盘亏,都说明企业的内部控制出现了问题,企业应采取对策完善企业财产物资管理制度,以确保财产物资的安全、完整。

三、财产清查的种类

财产清查的种类可按照财产清查范围、清查时间和清查执行单位的不同进行分类。

(一)按照清查范围分类

按照清查范围的不同,财产清查可分为全面清查和局部清查。

1. 全面清查

全面清查是指对所有的财产进行全面的盘点和核对。就制造企业而言,清查对象一般包括:货币资金、存货、固定资产、债权资产及对外投资等。

全面清查的范围广、时间长、工作量大,参加清查的人员多。企业一般在以下几种情况下进行全面清查:

(1)年终决算之前,为确保年终决算会计信息的真实和准确,需要进行一次全面清查。

(2)企业撤销、合并或改变其隶属关系时,需要进行全面清查,以明确责任。

(3) 中外合资、合营需要进行全面清查。
(4) 开展资产评估、清产核资,需要进行全面清查。
(5) 单位主要负责人调离工作,需要进行全面清查。

2. 局部清查

局部清查是指根据企业管理需要或有关规定对企业的一部分财产进行的清查。一般情况下,对库存现金应每日盘点一次;对银行存款至少每月同银行核对一次;对流动性较强的各种材料、在产品和产成品除年度清查外,应有计划地每月重点抽查或轮流盘点;对贵重的财产物资应至少每月清查一次;对债权资产,应在会计年度内至少核对一至两次。

(二) 按照清查的时间分类

按照清查的时间安排不同,财产清查可分为定期清查和不定期清查。

1. 定期清查

定期清查就是按照事先计划安排的时间对财产物资、债权债务进行的清查。定期清查一般在财务管理制度中有所规定,一般是在年末、季末、月末、每日结账前进行。例如,每日结账时对现金进行账实核对;月末结账时,对银行存款日记账进行对账。定期清查可以是全面清查,也可以是局部清查。

2. 不定期清查

不定期清查是指事前不规定清查日期,而是根据特殊需要临时进行的盘点和核对。不定期清查可以是全面清查,也可以是局部清查,应根据实际需要来确定清查的对象和范围。

不定期清查主要在以下几种情况下进行:

(1) 为了明确经济责任,在财产物资或现金的保管人员发生变动时,对其经管的财产进行清查。
(2) 上级或有关单位对本单位进行审计时。
(3) 单位发生撤销、合并、重组等事项时。
(4) 发生自然灾害或贪污盗窃、营私舞弊等事件时。

(三) 按照执行单位分类

按照执行财产清查的单位不同,财产清查分为内部清查和外部清查。

1. 内部清查

内部清查是指由本单位内部自行组织清查工作小组对本单位的财产所进行的清查工作。内部清查也称为"自查"。

2. 外部清查

外部清查是指由上级主管部门、审计机关、司法部门、注册会计师根据国家有关法律或制度规定对本单位所进行的财产清查。

第二节 财产清查的方法

一、财产清查的一般程序

不同目的的财产清查,其程序不同。但一般而言,主要包含以下程序:

(一)成立清查组织

财产清查,尤其是全面清查,涉及范围广,工作量大,经济责任较大,因此有必要成立专门的清查工作小组,负责财产清查工作的组织与开展。清查组织应该由会计、仓储、生产等有关业务部门人员组成,并由具有一定权限的人员领导。

(二)业务准备工作

为落实财产清查工作,各有关部门应在清查组织的指导下,做好业务准备工作。准备工作主要包含以下方面:

(1) 清查组织制定财产清查计划,确定清查对象、范围,明确清查责任。
(2) 会计部门将有关账簿资料登记齐全,核对正确,结出余额。
(3) 各部门将所保管和使用的财产物资整理好,贴上标签,标明各财产物资的品种、规格、数量,以便核对。
(4) 准备好计量器具和有关财产清查登记用的表册,如盘存表、实存账存对比表、库存现金盘点报告表、未达账项登记表等。

(三)实施财产清查

做好准备工作后,清查人员根据清查对象的特点和清查目的,采取相应的清查方法,实施财产清查。在清查时,要求财产物资的保管人员在场,清查人员做好记录,填写相关表册,并要求有关责任人签名盖章。

二、货币资金的清查方法

货币资金的清查包括对库存现金、银行存款和其他货币资金的清查。

(一)库存现金的清查

清查库存现金采用的基本方法是实地盘点法。该方法通过确定库存现金的实存数,将其与库存现金日记账的余额相核对,以此确定账实是否相符。

库存现金清查主要包括以下两种情况:

1. 出纳人员自查

每日业务结束,出纳人员清点库存现金实有数,并与库存现金日记账的账面余额核对,做到账实相符。

2. 专门人员清查

专门的清查小组对库存现金进行定期或不定期清查。

清查小组盘点前,出纳人员应将全部有关现金的收付款凭证登记入账,结出库存现金余额。清查小组盘点时,出纳人员必须在场,清查人员应认真审核库存现金收付款凭证和有关账簿,检查财务处理是否合理合法,账簿记录有无错误,以确定账存数与实存数是否相符。清查小组盘点后,应根据盘点结果填制"库存现金盘点报告表",并由清查人员与出纳人员共同签章确认。"库存现金盘点报告表"的格式如表5.1。

表 5.1 库存现金盘点报告表

单位名称:　　　　　　　　　　　年　月　日

实存金额	账存金额	实存与账存对比		备注
		盘盈	盘亏	

盘点人(签章):　　　　　　　出纳员(签章):

(二)银行存款的清查

银行存款的清查,通常采用与开户银行核对账目的方法进行,即将本单位银行存款日记账的账簿记录与开户银行转来的对账单逐笔进行核对。核对前,将截止到清查日所有银行存款的收付业务都登记入账后,对发生的错账、漏账应及时查清更正,再与银行的对账单逐笔核对。如果二者余额相符,通常说明没有错误;如果二者余额不相符,则可能是企业或银行一方或双方记账过程有错误或者存在未达账项。

未达账项,是指企业和银行之间,由于记账时间不一致而发生的一方已经入账,而另一方尚未入账的事项。未达账项一般分为以下4种情况:

(1)企业已收款记账,银行未收款未记账的款项。
(2)企业已付款记账,银行未付款未记账的款项。
(3)银行已收款记账,企业未收款未记账的款项。
(4)银行已付款记账,企业未付款未记账的款项。

上述任何一种未达账项的存在,都会导致企业银行存款日记账的余额与银行开出的对账单的余额不符。所以,企业在与银行对账时首先应查明是否存在未达账项,如果存在未达账项,就应该编制"银行存款余额调节表",据以调节双方的账面余额,确定企业银行存款实有数。其计算公式如下:

企业银行存款日记账余额+银行已收企业未收款-银行已付企业未付款=银行对账单存款余额+企业已收银行未收款-企业已付银行未付款

"银行存款余额调节表"的具体编制方法如【例5-1】所示。

【例5-1】 甲公司2×19年8月31日,银行存款日记账的余额为128 000元,银行对账单的余额为164 000元。经核对,存在以下未达账项:

(1) 8月29日,甲公司将收到的销货款4 000元存入银行,企业已登记银行存款增加,而银行尚未入账。

(2) 8月30日,甲公司开出转账支票36 000元支付购货款,企业已登记银行存款减少,而银行尚未收到该转账支票。

(3) 8月30日,收到A公司汇入的购货款20 000元,银行已入账,但企业尚未登记银行存款增加。

(4) 8月31日,银行代甲公司支付水电费16 000元,银行已登记入账,但企业未收到付款通知。

根据上述未达账项,编制的银行余额调节表如表5.2所示。

表 5.2 银行余额调节表
2×19年8月31日

项目	金额	项目	金额
银行存款日记账余额	128 000	银行对账单余额	164 000
加:银行已收企业未收	20 000	加:企业已收银行未收	4 000
减:银行已付企业未付	16 000	减:企业已付银行未付	36 000
调整后余额	132 000	调整后余额	132 000

需要说明的是:银行存款余额调节表是一种对账记录或对账工具,不能作为调整银行存款账面记录的依据,未达账项只有在收到有关凭证后才能进行有关的账务处理。

调节后的余额如果相等,通常说明企业和银行的账面记录一般没有错误,该余额通常为企业可以动用的银行存款实有数;调节后的余额如果不相等,通常说明一方或双方记账有误,需进一步追查,查明原因后予以更正和处理。

三、实物资产的清查方法

实物资产主要包括原材料、半成品、在产品、产成品、低值易耗品、包装物、固定资产等。实物资产的清查是对实物资产在数量和质量上所进行的清查。常用的清查方法主要有实地盘点法和技术推算法。

(一) 实地盘点法

实地盘点法是指在财产物资存放现场逐一清点数量或用仪器计量确定其实存数的一种方法。此方法清查结果准确可靠,但工作量较大。这种方法一般适用于机器设备、包装好的原材料、库存商品等的清查。

(二) 技术推算法

技术推算法是指利用技术方法推算财产物资实存数的方法。此方法又称"估堆",一般适用于如煤炭、砂石、饲料等散装的、大量成堆且难以逐一清点的大宗物资。此方法清查结果不够准确可靠,但工作量较小。

（三）抽样盘存法

抽样盘存法是指采用抽取一定数量样品的方式对实物资产的实存数进行估计确认的方法。该方法适用于数量多,重量和体积比较均衡的实物财产的清查。

（四）函证核对法

函证核对法是指通过向有关方发函的方式对实物资产的实存数进行确认的一种方法。该方法一般适用于对委托其他单位加工或保管的实物资产清查。

对于实物财产的清查,要求保管人员必须在场。对于盘点结果,应在"盘存单"上如实登记反映,并由盘点人和保管人签章确认。"盘存单"的一般格式如表5.3所示。

表5.3 盘存单

单位名称：　　　　　　　　盘点时间：　　　　　　　　编号：
财产类别：　　　　　　　　存放地点：　　　　　　　　金额单位：

序号	名称	规格型号	计量单位	实存数量	单价	金额	备注

清查小组负责人(签章)　　　　盘点人(签章)：　　　　保管人(签章)：

盘点完毕,将"盘存单"中所记录的实存数与账面结存数相核对,如两者不符,应根据"盘存单"和有关账簿记录,填制"实存账存对比表",以确定实物资产的盘盈数或盘亏数。"实存账存对比表"的一般格式如表5.4所示。

表5.4 实存账存对比表

单位名称：　　　　　　　　盘点时间：　　　　　　　　编号：
财产类别：　　　　　　　　存放地点：　　　　　　　　金额单位：

编号	类别名称	计量单位	单价	对比结果								备注
				实存		账存		盘盈		盘亏		
				数量	金额	数量	金额	数量	金额	数量	金额	

四、往来款项的清查方法

往来款项主要包括应收、应付款项和预收、预付款项等。往来款项的清查一般采用发函询证的方法进行核对。

往来款项清查以后,将清查结果编制"往来款项清查表",填列各项债权、债务的余额。对于有争执的款项以及无法收回的款项,应在报告单上详细列明情况,以便及时采取措施进行处理,避免或减少坏账损失。

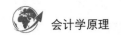

第三节　财产清查的账务处理

一、财产清查结果的处理程序

企业财产清查后不外乎两种结果：账实相符与账实不符。账实相符则不必进行账务处理。账实不符又分为下列情况：其一，实存数大于账存数，称为盘盈；其二，实存数小于账存数，称为盘亏；其三，实存数与账存数虽一致，但实存的财产物资存在质量问题，不能正常使用，称为毁损。

实存数与账存数不符时，首先应核准金额，并按照规定的程序报经主管领导批准后，才能进行会计处理。主要程序如下：

（一）核对数额，查明原因

当存在账实不符时，应对有关原始凭证中所记录的盈亏数据进行全面核实，核对盈亏数额，并分析差异的性质及形成原因，以便提出有针对性的处理意见，报送有关领导和部门审批。

（二）调整账簿记录，保证账实相符

对财产清查中存在的盘盈、盘亏、毁损等情况，在核准金额、查明原因的基础上，为了保证会计信息的真实准确，做到账实相符，应及时进行批准前的会计处理，即根据"实存账存对比表"等原始凭证编制记账凭证，并据以调整账簿记录。

（三）报请批准后的账务处理

有关领导和部门对所呈报的财产清查结果处理意见做出批示后，企业应按照批示意见编制有关记账凭证，登记有关账簿，及时进行批准后的账务处理。

二、财产清查结果的账务处理

（一）账户设置

为了核算和监督财产清查结果的账务处理情况，需设置"待处理财产损溢"账户。该账户为过渡账户，用在从账存实存不一致到经批准进行处理这一过程中。该账户的借方先用来登记发生的待处理盘亏、毁损的金额，待盘亏、毁损的原因查明并经审批后，再从该账户的贷方转入有关账户的借方；该账户的贷方先用来登记发生的待处理盘盈的金额，待盘盈的原因查明并经审批后，再从该账户的借方转入有关账户的贷方。该账户下设"待处理流动资产损溢"和"待处理固定资产损溢"两个明细分类账户，分别对流动资产和固定资产损溢进行核算。"待处理财产损溢"账户结构如下：

借方 待处理财产损溢	贷方
发生额：发生的待处理盘亏、毁损数，以及批准转销的待处理财产盘盈数	发生额：发生的待处理财产盘盈数，以及批准转销的待处理财产盘亏和毁损数
结余数：尚未批准处理的盘亏、毁损数与盘盈数的差额	结余数：尚未批准处理的盘盈数与盘亏、毁损数的差额

（二）库存现金清查结果的账务处理

清查结果发现现金短缺或盈余时，除了设法查明原因外，还应根据"库存现金盘点报告表"进行账务处理。

【例 5-2】 甲公司进行库存现金清查中发现长款 220 元。

（1）发现长款，报批前：

```
借：库存现金                                    220
    贷：待处理财产损溢——待处理流动资产损溢         220
```

（2）经反复核查，仍无法查明原因，经批准转作营业外收入：

```
借：待处理财产损溢——待处理流动资产损溢           220
    贷：营业外收入                              220
```

【例 5-3】 乙公司进行库存现金清查中发现短款 360 元。

（1）发现长款，报批前：

```
借：待处理财产损溢——待处理流动资产损溢           360
    贷：库存现金                                360
```

（2）经查，其中 60 元属于出纳员张某的责任，应由其赔偿，其余 300 元无法查明原因，经批准转作营业外支出：

```
借：其他应收款——张某                           60
    营业外支出                                 300
    贷：待处理财产损溢——待处理流动资产损溢        360
```

（三）存货清查结果的账务处理

1. 存货盘盈的账务处理

盘盈的存货价值应记入"原材料""生产成本""库存商品"等账户借方，同时贷记"待处理财产损溢——待处理流动资产损溢"。对盘盈的存货，一般是由于收发计量或核算上的差错所造成的，因此经批后通常应相应地冲减管理费用。

【例 5-4】 财产清查中，发现库存 A 材料盈余 200 千克，单价 8 元，查明原因是收发计量上的错误造成的，报批后按规定冲减管理费用。

（1）盘盈时：

```
借：原材料——A 材料                            1 600
```

贷：待处理财产损溢——待处理流动资产损溢　　　　　　　　　　　1 600
（2）批准后，冲减管理费用
　　借：待处理财产损溢——待处理流动资产损溢　　　　　　　　　　　1 600
　　贷：管理费用　　　　　　　　　　　　　　　　　　　　　　　　　1 600

2. 存货盘亏的账务处理

对于盘亏和损失的存货，经批准前应先记入"待处理财产损溢——待处理流动资产损溢"账户的借方，同时记入有关存货账户的贷方。批准后，属于定额内的自然损耗，经批准后可列入"管理费用"；属于过失人责任造成的损失，扣除其残料价值后，计入"其他应收款"账户；属于保险责任范围，应向保险公司收取赔偿金的，计入"其他应收款——保险公司"，剩余净损失或未参加保险部分的损失，计入"营业外支出"，若损失中有一般经营损失部分，计入"管理费用"。

【例 5-5】 甲公司进行存货清查时，发现 A 材料短缺 600 千克，其单位成本为 30 元。经查实，该项短缺分别由多种原因造成，经批准，分别进行转销。其中，属于责任过失人李明造成 2 000 元损失；属于定额内合理损耗部分价值 200 元；属于非常损失部分价值 15 800 元，其中收回残料 100 元，保险公司给予赔款 15 650 元，剩余 50 元为净损失。

（1）盘亏时分录：
　　借：待处理财产损溢——待处理流动资产损溢　　　　　　　　　　　18 000
　　　贷：原材料——A 材料　　　　　　　　　　　　　　　　　　　　18 000
（2）属于责任过失人李明造成 2 000 元损失，会计分录为：
　　借：其他应收款——李明　　　　　　　　　　　　　　　　　　　　2 000
　　　贷：待处理财产损溢——待处理流动资产损溢　　　　　　　　　　2 000
（3）属于定额内合理损耗部分价值 200 元，会计分录为：
　　借：管理费用　　　　　　　　　　　　　　　　　　　　　　　　　200
　　　贷：待处理财产损溢——待处理流动资产损溢　　　　　　　　　　200
（4）属于非常损失部分价值 15 800 元，其中收回残料 100 元，保险公司给予赔款 15 650 元，剩余 50 元为净损失，会计分录为：
　　借：原材料　　　　　　　　　　　　　　　　　　　　　　　　　　100
　　　其他应收款——保险公司　　　　　　　　　　　　　　　　　　　15 650
　　　营业外支出　　　　　　　　　　　　　　　　　　　　　　　　　50
　　　贷：待处理财产损溢——待处理流动资产损溢　　　　　　　　　　15 800

（四）固定资产清查结果的账务处理

1. 固定资产盘盈的账务处理

为了防止企业利用盘盈固定资产操纵利润，我国现行企业会计准则规定固定资产的盘盈作为前期差错处理，不通过"待处理财产损溢"账户核算。企业设置"以前年度损益调整"科目核算企业盘盈的固定资产。盘盈固定资产通常按其重置成本作为入账价值，借记"固定资产"科目，贷记"以前年度损益调整"。

【例 5-6】 企业在财产清查中，发现账外设备一台，该设备当前市场价值 20 000 元，按其新旧程度估计已提折旧 8 000 元,净值为 12 000 元。

编制记账凭证,调整固定资产账存数,其会计分录是:

借:固定资产	12 000	
贷:以前年度损益调整		12 000

2. 固定资产盘亏的账务处理

固定资产盘亏可参照存货盘亏的账务处理,通过"待处理财产损溢——待处理固定资产损溢"科目进行核算。

【例 5-7】 企业在财产清查中,发现盘亏设备一台,其原值为 100 000 元,已提折旧 80 000 元。报批后经查明,是由于非常事故引起损失,保险公司应赔偿 10 000 元,过失人李某赔偿 3 000 元。

(1) 盘亏时的分录:

借:待处理财产损溢——待处理固定资产损溢	20 000	
累计折旧	80 000	
贷:固定资产		100 000

(2) 报批后的会计处理:

借:其他应收款——保险公司	10 000	
——李某	3 000	
营业外支出——非常损失	7 000	
贷:待处理财产损溢——待处理固定资产损溢		20 000

(五) 应收款清查结果的账务处理

在财产清查过程中,经查确实无法收回的应收账款,其账务处理有两种方法可供选择:

(1) 直接转销法:在认为应收账款无法收回时,直接将应收账款确认为损失,记入"信用减值损失"科目。

(2) 备抵法:按期估计坏账损失,形成坏账准备,当某一应收账款全部或部分被确认为坏账时,应根据其金额冲减坏账准备,同时转销相应的应收账款金额的一种核算方法。

采用备抵法,企业需要设置"坏账准备"账户。当企业计提坏账准备时,借记"信用减值损失"账户,贷记"坏账准备"账户;当实际发生坏账时,借记"坏账准备"账户,贷记"应收账款"账户。

【例 5-8】 甲公司财产清查中,查明应收乙公司货款 7 000 元,经催收,收回了 5 000 元,存入银行,余款因故无法收回,转作坏账损失。

(1) 收回部分应收账款时,甲公司应作会计分录如下:

借:银行存款	5 000	
贷:应收账款——乙公司		5 000

(2) 将无法收回的应收账款,列作坏账损失。

采用直接转销法会计分录为:

借:信用减值损失	2 000	
贷:应收账款——乙公司		2 000

采用备抵法会计分录为：

借：坏账准备　　　　　　　　　　　　　　　　　　　　　　2 000
　　贷：应收账款——乙公司　　　　　　　　　　　　　　　　　2 000

课 后 习 题

一、单项选择题

1. 现金清查的方法是（　　）。
   A. 技术测算法　　　　　　　　　　B. 实地盘点法
   C. 外调核对法　　　　　　　　　　D. 与银行对账单相核对
2. 一般而言，单位撤销、合并时要进行（　　）。
   A. 定期清查　　B. 全面清查　　C. 局部清查　　D. 实地清查
3. 对于现金的清查，应将其结果及时填列（　　）。
   A. 盘存单　　　　　　　　　　　　B. 实存账存对比表
   C. 现金盘点报告表　　　　　　　　D. 对账单
4. 银行存款清查的方法是（　　）。
   A. 日记账与总分类账核对　　　　　B. 日记账与收付款凭证核对
   C. 日记账和对账单核对　　　　　　D. 总分类账和收付款凭证核对
5. 对于大量难于清点的财产物资，应采用的清查方法是（　　）。
   A. 实地盘点法　B. 抽样盘点法　C. 查询核对法　D. 技术推算盘点法
6. 在记账无误的情况下，造成银行对账单和银行存款日记账不一致的原因是（　　）。
   A. 应付账款　　B. 应收账款　　C. 未达账项　　D. 外埠存款
7. 实存账存对比表是调整账面记录的（　　）。
   A. 记账凭证　　B. 转账凭证　　C. 原始凭证　　D. 累计凭证
8. 下列项目的清查应采用询证核对法的是（　　）。
   A. 原材料　　　B. 应付账款　　C. 实收资本　　D. 短期投资
9. "待处理财产损溢"账户未转销的借方余额表示（　　）。
   A. 尚待处理的盘盈数　　　　　　　B. 尚待处理的盘亏和毁损数
   C. 已处理的盘盈数　　　　　　　　D. 已处理的盘亏和毁损数
10. 对于盘盈的固定资产的净值经批准后应贷记的会计科目是（　　）。
    A. 营业外收入　B. 营业外支出　C. 管理费用　　D. 待处理财产损溢
11. 企业对于无法收回的应收账款应借记的会计科目是（　　）。
    A. 财务费用　　　　　　　　　　　B. 营业外支出
    C. 待处理财产损溢　　　　　　　　D. 管理费用
12. "待处理财产损溢"账户未转销的贷方余额表示（　　）。
    A. 已处理的财产盘盈
    B. 结转已批准处理的财产盘盈
    C. 转销已批准处理财产盘亏和毁损
    D. 尚待批准处理的财产盘盈数大于尚待批准处理的财产盘亏和毁损数的差额

13. 采用实地盘存制,平时账簿记录中不能反映( )。
    A. 财产物资的购进业务　　　　B. 财产物资的减少数额
    C. 财产物资的增加和减少数额　D. 财产物资的盘盈数额
14. 核销存货的盘盈时,应贷记的会计科目是( )。
    A. 管理费用　　　　　　　　　B. 营业外收入
    C. 待处理财产损溢　　　　　　D. 其他业务收入
15. 对债权债务的清查应采用的方法是( )。
    A. 询证核对法　　　　　　　　B. 实地盘点法
    C. 技术推算盘点法　　　　　　D. 抽样盘存法

二、多项选择题

1. 使企业银行存款日记账余额大于银行对账单余额的未达账项是( )。
    A. 企业先收款记账而银行未收款未记的款项
    B. 银行先收款记账而企业未收款未记的款项
    C. 企业和银行同时收款的款项
    D. 银行先付款记账而企业未付款未记账的款项
    E. 企业先付款记账而银行未付款未记账的款项
2. 财产清查按照清查的时间可分为( )。
    A. 全面清查　　B. 局部清查　　C. 定期清查
    D. 不定期清查　E. 内部清查
3. 企业进行全部清查主要发生的情况有( )。
    A. 年终决算后　　B. 清产核资时　　C. 关停并转时
    D. 更换现金出纳时　E. 单位主要负责人调离时
4. 常用的实物财产清查方法包括( )。
    A. 实地盘点法　　B. 技术推算法　　C. 函证核对法
    D. 抽样盘点法　　E. 永续盘存法
5. 进行财产清查的作用是( )。
    A. 便于宏观管理
    B. 保证各项财产物资的安全完整
    C. 提高会计资料的质量,保证其真实可靠
    D. 有利于改善企业经营管理,挖掘财产物资潜力
    E. 有利于准确地编制收付款凭证
6. 全面清查的对象包括( )。
    A. 货币资金　　B. 各种实物资产　　C. 往来款项
    D. 在途材料、商品　E. 委托加工、保管的物资
7. 编制"银行存款余额调节表"时,计算调节后的余额应以企业银行存款日记账余额( )。
    A. 加企业未入账的收入款项　　B. 加银行未入账的收入款项
    C. 加双方都未入账的收入款项　D. 加企业未入账的支出款项
    E. 减企业未入账的支出款项

8. 财产清查结果的处理步骤是（　　）。
   A. 核准数字,查明原因　　　　　B. 调整凭证,做到账实相符
   C. 调整账簿,做到账实相符　　　D. 进行批准后的账务处理
   E. 销毁账簿资料
9. 对于盘亏的财产物资,经批准能够进行账务处理,可能涉及的借方账户有（　　）。
   A. 管理费用　　　　B. 营业外支出　　　C. 营业外收入
   D. 其他应收款　　　E. 待处理财产损溢
10. 下列可用作原始凭证,调整账簿记录的有（　　）。
    A. 实存账存对比表　　B. 未达账项登记表　　C. 现金盘点报告表
    D. 银行存款余额调节表　E. 结算款项核对登记表

三、判断题

1. 会计部门要在财产清查之前将所有的经济业务登记入账并结出余额。做到账账相符、账证相符,为财产清查提供可靠的依据。（　　）
2. 对在银行存款清查时出现的未达账项,可编制银行存款余额调节表来调整,编制好的银行存款余额调节表是调节账面余额的原始凭证。（　　）
3. 实地盘存制是指平时根据会计凭证在账簿中登记各种财产的增加数和减少数,在期末时再通过盘点实物,来确定各种财产的数量,并据以确定账实是否相符的一种盘存制度。（　　）
4. 未达账项是指在企业和银行之间,由于凭证的传递时间不同,而导致了记账时间不一致,即一方已接到有关结算凭证已经登记入账,而另一方由于尚未接到有关结算凭证尚未入账的款项。（　　）
5. 为了反映和监督各单位在财产清查过程中查明的各种资产的盈亏或毁损及报废的转销数额,应设置"待处理财产损溢"账户,该账户属于资产类性质账户。（　　）

第六章 工业企业主要经济业务核算

内容提要

本章主要运用前面所学习并掌握的账户以及借贷记账法的知识对工业企业发生的主要经济业务进行核算。工业企业的经济业务主要包括资金筹集业务、生产准备业务、生产过程业务、产品销售业务、财务成果形成与分配业务等。这些经济业务的具体核算以及涉及的重点账户的具体运用是本章重点阐述的内容。

学习目标与要求

通过本章的学习,了解工业企业的资金循环,理解并掌握工业企业资金筹集业务、生产准备业务、生产过程业务、产品销售业务、财务成果形成与分配业务的具体核算内容,强化对账户以及复式记账法的熟练运用。

第一节 资金筹集业务核算

资金运动是会计核算与监督的内容。工业企业资金运动的起点是资金筹集,首先要解决的是"钱"从哪来的问题。从会计等式"资产=负债+所有者权益"不难看出,对企业而言,形成资产的资金来源主要有两条渠道:一是接受投资者的投入,二是向债权人借入资金。因而,资金筹集业务就可以分为所有者权益资金筹集业务与负债资金筹集业务。

一、所有者权益资金筹集业务的核算

我国《企业会计准则》规定:所有者权益的来源包括所有者投入的资本,直接计入所有者权益的利得和损失,留存收益等。通常由实收资本(股本)、资本公积(含资本溢价或者股本溢价、其他资本公积)、其他综合收益、其他权益工具、盈余公积和未分配利润构成。

所有者投入的资本是指所有者投入企业的所有资本,既包括构成企业注册资本或者股本部分的金额,也包括投入资本超过注册资本或者股本部分的金额。

直接计入所有者权益的利得和损失,是指不应当计入当期损益、会导致所有者权益发生增减变动的、与所有者投入资本或者向所有者分配利润无关的利得或者损失。其中,利得是指由企业非日常活动所形成的、会导致所有者权益增加的、与所有者投入资本无关的经济利益的流入。损失是指由企业非日常活动所形成的、会导致所有者权益减少的、与向所有者分

配利润无关的经济利益的流出。

留存收益是企业历年实现的净利润留存于企业的部分,主要包括累计计提的盈余公积和未分配利润。

本节只介绍所有者投入的资本的业务核算,其他内容在后续学习中介绍。

(一) 实收资本(股本)业务的核算

1. 实收资本(股本)的含义

实收资本是指企业的投资者按照企业章程或者合同、协议的约定实际投入企业的资本金,是投资者投入资本形成法定资本的价值。按照会计上对资本金的核算要求,在股份有限公司以外的企业中使用"实收资本"账户,在股份有限公司中使用"股本"账户。

2. 实收资本(股本)的分类

按照投资主体不同,实收资本分为国家资本(国有股)、法人资本(法人股)、外商资本(外资股)和个人资本(社会公众股)等;按照投资形态的不同,分为货币投资、实物投资、证券投资和无形资产投资等。

3. 实收资本(股本)的核算

为了核算企业接受投资者投入的实收资本,需要设置"实收资本"账户(股份有限公司可设置"股本"账户)。企业收到的货币投资,以实际收到的货币资金金额入账。企业收到的非货币资产投资,以投资各方确认的价值入账。如果企业实际收到超过投资方在注册资本中所占份额部分,作为资本溢价或股本溢价,在"资本公积"账户中核算。

"实收资本"账户属于所有者权益类账户,贷方登记实收资本的增加额,借方登记实收资本的减少额,期末余额在贷方,表示企业期末实收资本的实有数额。该账户可以按照投资者设置明细账户,进行明细分类核算。

"实收资本"的账户结构如下:

借方	实收资本(股本)	贷方
发生额:按法定程序批准减少的法定资本数额	发生额:所有者投入的法定资本	
	结余数:实收资本或股本的实有额	

下面举例说明实收资本的核算过程:

【例 6-1】 企业收到国家货币资金投资 1 000 000 元,款项已存入银行,按照公司章程规定,应确认为注册资本 1 000 000 元。

  借:银行存款   1 000 000
    贷:实收资本——国家资本   1 000 000

【例 6-2】 企业收到投资者光明公司投入的一项专利技术,双方评估确认的价值为 200 000 元。

  借:无形资产——专利技术   200 000
    贷:实收资本——光明公司   200 000

(二)资本公积业务的核算

1. 资本公积的含义

资本公积是指企业收到的投资者超出其在企业注册资本或股本中所占份额的投资,以及除资本公积(资本溢价或股本溢价)项目以外形成的其他资本公积。

2. 资本公积的用途

资本公积实质上是一种准资本,主要用途是转增资本,即在办理增资手续后用资本公积转增实收资本或股本,按所有者原有投资比例增加投资者的实收资本。

3. 资本公积的核算

为了反映和核算资本公积的增减变动情况,需要设置"资本公积"账户。"资本公积"账户属于所有者权益类账户,贷方登记资本公积的增加额,借方登记资本公积的减少额,期末余额在贷方,表示企业期末资本公积的结存数。该账户可以按照资本公积的来源,设置明细分类账户,进行明细分类核算。

"资本公积"的账户结构如下:

借方	资本公积	贷方
发生额:转增资本的资本公积	发生额:资本溢价或股本溢价 以及直接计入所有者权益的利得和损失	
	结余数:资本公积的实有额	

下面举例说明资本公积的核算过程:

【例6-3】 企业接受投资者的货币资金投资500 000元。其中400 000元作为实收资本,另100 000元作为资本公积。

借:银行存款　　　　　　　　　　　　　　　　　500 000
　　贷:实收资本　　　　　　　　　　　　　　　　400 000
　　　　资本公积——资本溢价　　　　　　　　　100 000

【例6-4】 企业按照公司章程规定,将资本公积300 000元转增实收资本。

借:资本公积　　　　　　　　　　　　　　　　　300 000
　　贷:实收资本　　　　　　　　　　　　　　　　 30 000

二、负债资金筹集业务的核算

负债资金是企业从债权人处筹集的资金,包括从银行取得借款、因赊购商品等而形成的应付账款等。在生产经营过程中,如果出现自有资金不足以满足正常生产经营和购建长期资产等需要时,可以通过从银行或其他金融机构借款的方式筹集资金,企业需要按借款协议约定的利率承担支付利息及到期归还借款本金的义务。

(一)短期借款业务的核算

1. 短期借款的含义

短期借款是企业为了满足在生产经营活动中对资金的临时需要而向银行或其他金融机

构等借入的偿还期限在1年以内(含1年)的各种借款。一般情况下,企业取得短期借款是为了维持正常的生产经营活动或是为了偿还某项债务。

2. 短期借款利息的确认与计量

利息费用属于企业在理财活动中为筹集资金而发生的耗费。按照权责发生制核算基础的要求,短期借款的利息费用应该按月计提,直接计入当期损益(财务费用)。同时尚未支付的利息费用构成当期的应付利息,待到期支付利息时,再冲销计提的利息。

短期借款利息的计算公式为:短期借款利息=借款本金×利率×计息期

使用上述公式计算短期借款利息时,应注意利率和计息期要匹配。短期借款的计息期往往以"月"为单位,但利率通常采用年利率,所以,应将年利率转化为月利率。如果计息期按实际经历的天数计算,还应将年利率转化为日利率。为简化起见,一个月一般按30天计算,一年按360天计算。

$$月利率 = 年利率 \div 12$$
$$日利率 = 年利率 \div 360$$

3. 短期借款的核算

为了核算短期借款的本金和利息,需要设置"短期借款""财务费用""应付利息"等账户。

(1) "短期借款"账户属于负债类账户,用以核算企业向银行或其他金融机构借入的期限在1年以内(含1年)的各种借款本金的增减变动及结余情况。该账户的贷方登记取得短期借款的本金数,借方登记偿还的短期借款本金数,期末余额在贷方,表示尚未偿还的短期借款本金。该账户可以按照债权人设置明细分类账户,并按照借款种类进行明细分类核算。

"短期借款"的账户结构如下:

借方	短期借款	贷方
发生额:短期借款的偿还	发生额:短期借款的取得	
	结余数:尚未偿还短期借款本金的结余	

(2) "财务费用"账户属于损益类账户,用以核算企业为筹集生产经营所需资金等而发生的各种筹资费用。包括利息支出(减利息收入)、佣金、汇兑差额以及相关的手续费等。该账户借方登记发生的财务费用,贷方登记发生的应冲减财务费用的利息收入、汇兑收益以及期末转入"本年利润"账户的财务费用净额(如果财务收入大于支出时则进行反方向的结转)。经过结转之后,该账户期末没有余额。该账户可以按照费用项目设置明细分类账户,进行明细分类核算。

"财务费用"的账户结构如下:

借方	财务费用	贷方
发生额:利息费用、手续费、汇兑损失	发生额:利息收入、汇兑收益、期末转入"本年利润"的财务费用	

(3) "应付利息"账户属于负债类账户,用以核算企业因借入资金而发生利息的应付、偿

还及余额情况。该账户贷方登记应付而未付利息的增加数,借方登记应付而未付利息的减少数,期末余额在贷方,表示企业尚未归还的应付未付利息的累计数。

"应付利息"的账户结构如下:

借方	应付利息	贷方
发生额:实际支付的利息费用	发生额:应该支付的利息费用	
	结余额:尚未支付的利息费用	

下面举例说明短期借款的核算过程:

【例6-5】 企业于20×8年1月1日借入短期借款1 000 000元,借款期为6个月(7月1日还款),年利率为6%,利息按季支付。

借:银行存款　　　　　　　　　　　　　　　　　　　　1 000 000
　　贷:短期借款　　　　　　　　　　　　　　　　　　　　　　1 000 000

【例6-6】 接上例,企业于20×8年1月31日,确认1月份的利息费用。

借:财务费用　　　　　　　　　　　　　　　　　　　　　　5 000
　　贷:应付利息　　　　　　　　　　　　　　　　　　　　　　　5 000

【例6-7】 接上例,企业于20×8年3月31日,支付第1季度的利息。

借:应付利息　　　　　　　　　　　　　　　　　　　　　　15 000
　　贷:银行存款　　　　　　　　　　　　　　　　　　　　　　　15 000

(二)长期借款业务的核算

1. 长期借款的含义

长期借款是企业向银行或其他金融机构借入的偿还期限在1年以上或超过一个营业周期的各种借款。和借入短期借款不同,企业借入长期借款主要是为了购置大型固定资产、地产、厂房等,是为了扩大经营规模的需要。

2. 长期借款利息的确认与计量

按照权责发生制核算基础的要求,长期借款的利息费用应按期计算。需要注意的是,为购建或生产满足资本化条件的资产发生的应予资本化的借款费用,在"在建工程""制造费用"等账户核算,不通过"财务费用"账户核算。借款利息不符合资本化条件的,应予以费用化,通过"财务费用"账户核算。

3. 长期借款的会计处理

为了核算长期借款本金及利息的取得和偿还情况,需要设置"长期借款"账户。该账户属于负债类账户,用以核算企业向银行或其他金融机构借入的期限在1年以上(不含1年)的各项借款的增减变动及结余情况。该账户贷方登记长期借款的增加数(包括本金和未付的各期利息),借方登记长期借款的减少数(包括偿还的本金和利息),期末余额在贷方,表示尚未偿还的长期借款本金和利息的结余额。该账户可以按照贷款单位和贷款种类设置明细分类账户,进行明细分类核算。

"长期借款"账户结构如下:

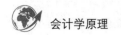

借方	长期借款	贷方
发生额:长期借款本金及利息的偿还	发生额:长期借款本金的取得以及利息的计提	
	结余额:尚未偿还长期借款本利的结余	

下面举例说明长期借款的核算过程：

【例6-8】 为建造厂房（工期2年），企业于20×7年1月1日向银行借入期限为2年的借款4 000 000元，存入银行并将该借款投入到该厂房的建造中。

借：银行存款　　　　　　　　　　　　　　　　　4 000 000
　　贷：长期借款　　　　　　　　　　　　　　　　　　4 000 000

【例6-9】 承接【例6-8】，上述长期借款年利率为10%，单利计息，到期一次还本付息。20×7年12月31日确认应由该工程负担的借款利息（假设符合利息资本化的条件）。

借：在建工程　　　　　　　　　　　　　　　　　400 000
　　贷：应付利息　　　　　　　　　　　　　　　　　　400 000

【例6-10】 承接【例6-9】，企业于20×9年年末偿还该笔借款的本金和利息。

借：长期借款——本金　　　　　　　　　　　　　4 000 000
　　应付利息　　　　　　　　　　　　　　　　　　800 000
　　贷：银行存款　　　　　　　　　　　　　　　　　　4 800 000

第二节　生产准备业务核算

生产准备业务即工业企业供应过程的业务。企业筹集到资金后，就必须购置机器设备、建造厂房、建筑物等固定资产，购买和储备一定品种与数量的材料等存货，以备生产。因此，固定资产的购建和材料的采购，就构成了生产准备过程中的主要核算内容。通过固定资产构建或材料采购，企业的资产增加了；同时，因采购而支付了相应的存款或承担了相应的负债，会导致货币资金相应减少或负债相应增加。

一、固定资产购建业务的核算

（一）固定资产的含义

按照《企业会计准则第4号——固定资产》的规定，固定资产是指同时具有下列两个特征的有形资产：为生产商品、提供劳务、出租或经营管理而持有的；使用寿命超过一个会计年度的。一般来说，企业使用期限在一年以上的房屋、建筑物、机器设备、运输工具等资产，均应确认为固定资产。从固定资产的定义可以看出，固定资产具有3个特征：

（1）固定资产是为生产商品、提供劳务、出租或经营管理而持有的。即企业持有固定资产是作为企业的劳动工具或手段，不是为了出售。

(2) 固定资产的使用寿命超过一个会计年度。使用寿命,是指企业使用固定资产的预计期间,或者该固定资产所生产产品或提供劳务的数量。

(3) 固定资产为具有实物形态的有形资产。

固定资产同时满足下列条件的,才能予以确认:① 该固定资产包含的经济利益很可能流入企业。② 该固定资产的成本能够可靠计量。

(二)固定资产取得时入账价值的确定

我国《企业会计准则第4号——固定资产》中规定,固定资产应当按照成本计量。固定资产取得时的实际成本是指企业购建固定资产达到预定可以使用状态前所发生的一切合理的、必要的支出。

1. 外购固定资产的成本

企业外购固定资产的成本,包括购买价款、相关税费(不包括可抵扣的增值税进项税)、使固定资产达到预定可使用状态前所发生的运杂费、包装费、保险费、安装费和专业人员服务费。

2. 自行建造固定资产的成本

自行建造固定资产的成本,由建造该项固定资产达到预定可使用状态前所发生的必要支出构成。包括工程物资成本、人工成本、相关税费、应予以资本化的借款费用以及应分摊的间接费用等。

(三)固定资产的核算

为了核算企业购买和自行建造完成固定资产价值的变动过程及结果,需要设置"固定资产""在建工程"等账户。企业购置的固定资产,对其中需要安装的部分,在到达预定可以使用状态之前发生的相关支出,必须通过"在建工程"账户归集核算。待工程达到预定可以使用状态之后,将"在建工程"账户核算的工程成本结转入"固定资产"账户。所以会计对固定资产进行核算时,一般将其区分为不需要安装固定资产和需要安装固定资产分别进行处理。

(1) "在建工程"账户属于资产类账户,用以核算企业基建、技改等在建工程发生的价值。该账户借方登记工程支出的增加,贷方登记结转完工工程的成本,期末余额在借方,表示尚未完工工程的成本。该账户可以按照"建筑工程""安装工程""在安装设备""待摊支出"以及单项工程设置明细分类账户,进行明细分类核算。

"在建工程"账户结构如下:

借方	在建工程	贷方
发生额:工程成本支出	发生额:工程完工转出	
结余额:尚未完工工程成本		

(2) "固定资产"账户属于资产类账户,用以核算企业持有固定资产的原价及其增减变动、结余情况。该账户借方登记企业增加的固定资产原价,贷方登记企业减少的固定资产原价,期末余额在借方,表示企业期末固定资产原价。该账户可以按照固定资产类别和项目设置明细分类账户,进行明细分类核算。

"固定资产"账户结构如下:

借方	固定资产	贷方
发生额:固定资产的取得	发生额:固定资产的取得成本减少(调整)	
结余额:固定资产原价的结余		

下面举例说明长期借款的核算过程。

【例 6-11】 企业购入不需要安装设备,买价 125 000 元,运费等 2 000 元。全部款项已用银行存款支付。

借:固定资产　　　　　　　　　　　　　　　　127 000
　　贷:银行存款　　　　　　　　　　　　　　　　127 000

【例 6-12】 企业购入需要安装设备,买价 125 000 元,运费等 2 000 元。全部款项已用银行存款支付。

借:在建工程　　　　　　　　　　　　　　　　127 000
　　贷:银行存款　　　　　　　　　　　　　　　　127 000

【例 6-13】 承接例 6-12,该设备在安装过程中发生如下安装费用:领用原材料 10 000 元,应支付安装工人薪酬 5 000 元。

借:在建工程　　　　　　　　　　　　　　　　15 000
　　贷:原材料　　　　　　　　　　　　　　　　　10 000
　　　　应付职工薪酬　　　　　　　　　　　　　　5 000

【例 6-14】 承接例 6-13,上述设备安装完毕,达到预定可使用状态,已经办理竣工决算手续并交付使用,结转工程成本。

借:固定资产　　　　　　　　　　　　　　　　142 000
　　贷:在建工程　　　　　　　　　　　　　　　　142 000

二、材料采购业务的核算

工业企业在生产准备过程需要供应材料、物料用于生产产品或者提供劳务。企业在供应过程中储存备用的材料通常是向外单位采购而来的。在材料采购过程中,一方面需要从购买单位取得所需的各种材料,另一方面要向材料供应商支付材料的买价和增值税,并可能会发生各种采购费用,包括运杂费(运输费、装卸费、包装费、仓储费)和运输途中的保险费、合理损耗、入库前的挑选整理费用等。材料的买价加上各项采购费用,就构成了材料采购成本的常规项目。

(一)原材料的计价

实务中,企业可以根据自身生产经营特点及管理要求,对原材料采用不同的方法进行核算。原材料的核算方法可以分为两种,一是按实际成本记录,二是按计划成本记录。本教材按照材料采购过程中的实际成本对原材料进行计价。计划成本法,本教材暂未涉及,将在《中级财务会计》课程中予以介绍。

按照《企业会计准则第 1 号——存货》,对于购入的原材料,实际采购成本主要包括:① 购买价款,但是不包括按规定可以抵扣的增值税;② 相关税费,按规定应计入材料采购成本的各种税金,如进口关税等;③ 其他可直接归属于材料采购成本的费用,主要包括外购原材料到达仓库以前发生的仓储费、包装费、运输费、保险费、装卸费、运输途中的合理损耗以及入库前的挑选整理费用等。发生这些可归属于材料采购成本的费用时,一般根据这些费用的受益对象,直接计入或选择合理分配标准计入各受益对象。

(二) 材料采购的核算

为了核算材料采购过程中材料的取得以及因购销关系可能发生的债权债务的确认,需要设置"在途物资""原材料""应付账款""应付票据""预付账款""应交税费"等账户。

(1)"在途物资"账户属于资产类账户,用以核算企业货款已付或赊购的,尚未验收入库的购入材料或商品的采购成本。该账户借方登记本期购入材料物资的买价和采购费用,贷方登记已完成采购手续而结转入库材料的实际采购成本,期末余额在借方,表示尚未验收入库材料的实际成本。该账户可以按照供应单位和物资品种设置明细分类账户,进行明细分类核算。

"在途物资"账户结构如下:

借方	在途物资	贷方
发生额:实际购入材料的成本		发生额:验收入库转入"原材料"等账户的实际成本
结余额:尚在途中或尚未验收入库材料的实际成本		

(2)"原材料"账户属于资产类账户,用以核算企业库存的各种材料,包括原料及主要材料、辅助材料、外购半成品(外购件)、修理用备件(备品备件)、包装材料、燃料等的实际成本,是反映库存材料的收入、发出和结存情况的账户。该账户借方登记已验收入库材料的实际成本,贷方登记发出材料的实际成本,期末余额在借方,表示结存材料的实际成本。为了具体反映每一种材料的增减变动和结存情况,该账户可以按照材料的保管地点(仓库)、材料的类别、品种和规格等设置明细分类账户,进行明细分类核算。材料的明细分类核算,既要提供价值指标,又要提供详细的实物数量。

"原材料"账户结构如下:

借方	原材料	贷方
发生额:实际购入材料的成本		发生额:验收入库转入"原材料"等账户的实际成本
结余额:尚在途中或尚未验收入库材料的实际成本		

(3)"应付账款"账户属于负债类账户,用以核算企业因购买材料、商品和接受劳务供应等经营活动应支付的款项,是反映企业购入材料等而与供货单位发生结算债务的增减变动

情况的账户。该账户贷方登记应付给供货单位的款项,借方登记偿付供货单位的款项,期末余额一般在贷方,表示期末应付未付的款项。该账户可以按照不同的债权人设置明细分类账户,进行明细分类核算。

"应付账款"账户结构如下:

借方	应付账款	贷方
发生额:偿付的应付款项	发生额:购入材料、商品,接受劳务尚未支付的款项	
	结余额:尚未偿付的应付款项	

(4)"应付票据"账户属于负债类账户,用以核算企业购买材料、商品和接受劳务供应等而开出、承兑的商业汇票,包括银行承兑汇票和商业承兑汇票。该账户贷方登记企业开出、承兑商业汇票的增加,借方登记到期商业汇票的减少,期末余额在贷方,表示尚未到期的商业汇票的票面余额。该账户可以按照不同的债权人设置明细分类账户,进行明细分类核算。

企业应当设置"应付票据备查簿",详细登记每一商业汇票的种类、号数和出票日期、到期日、票面余额、交易合同号和收款人姓名或单位名称以及付款日期和金额等资料。应付票据到期结清时,应当在备查簿内逐笔注销。

"应付票据"账户结构如下:

借方	应付票据	贷方
发生额:商业汇票到期时偿付的金额	发生额:购入材料、商品,接受劳务开出商业汇票而形成的应付但尚未支付的金额	
	结余额:尚未到期的商业汇票的余额	

(5)"预付账款"账户属于资产类账户,用以核算企业按照购货合同规定预付给供应单位的款项。该账户借方登记向供货单位预付的货款和补付的款项,贷方登记收到供货单位提供的材料及有关发票账单而冲销的预付账款,期末余额一般在借方,表示企业预付的款项;期末如果是贷方余额,表示企业尚未补付的款项。该账户可以按照供货单位名称设置明细分类账户,进行明细分类核算。

"预付账款"账户结构如下:

借方	预付账款	贷方
发生额:预先支付给供应单位的款项	发生额:购入材料时冲减预付供应单位的款项	
结余额:尚未收到材料的预付款项	结余额:收到材料需要补付的款项	

(6)"应交税费"账户属于负债类账户,用以核算企业按照税法规定计算应向国家缴纳的各种税费,包括增值税、消费税、城市维护建设税、房产税、土地使用税、教育费附加、所得税等。该账户贷方登记应交纳的各种税费,借方登记实际交纳的各种税费,期末余额一般在贷方,表示企业尚未交纳的税费;期末余额如在借方,表示企业多交或尚未抵扣的税费。该

账户可以按照应交税费的税种设置明细分类账户,进行明细分类核算。

在材料采购业务中的"应交税费"账户主要是为了核算增值税。增值税是以商品(含货物、加工修理修配劳务、服务、无形资产或不动产)在流转过程中产生的增值额作为计税依据而征收的一种流转税。按照增值税有关规定,企业购入商品支付的增值税(即进项税额),可以从销售商品按规定收取的增值税(即销项税额)中抵扣。销项税额是指纳税人销售货物或应税劳务,按照销售额和规定的税率计算并向购买方收取的增值税税额,销项税额=销售额×增值税税率。进项税额是指纳税人购进货物或接受应税劳务所支付或负担的增值税税额,进项税额=购进货物或接受劳务的价款×增值税税率。增值税的进项税额与销项税额是相对应的,销售方的销项税额就是购买方的进项税额。

企业当期应纳增值税额 = 当期销项税额 − 当期进项税额

在"应交税费——应交增值税"账户中,购入材料时支付或负担的进项税额登记在账户的借方,按产品销售收入计算的销项税额登记在账户的贷方。

"应交税费"账户结构如下:

借方	应交税费	贷方
发生额:实际缴纳的各种税费(包括进项税额)	发生额:按照税法规定计算应缴纳而尚未缴纳的各种税费(包括增值税销项税额)	
结余额:多缴纳的税费	结余额:尚未缴纳的税费	

下面举例说明材料采购的核算过程。

【例6-15】 企业于20×9年1月5日,从甲公司购入A、B两种材料并收到甲公司开具的增值税专用发票。发票上列明:A材料4 000千克,单价50元,价款200 000元,增值税26 000元;B材料8 000千克,单价15元,价款120 000元,增值税15 600元。价税总计361 600元,材料尚未验收入库,货款已用银行存款支付。

借:在途物资——A材料　　　　　　　　　　200 000
　　　　　　——B材料　　　　　　　　　　120 000
　　应交税费——应交增值税(进项税额)　　　41 600
　贷:银行存款　　　　　　　　　　　　　　　　　361 600

【例6-16】 1月10日,开出转账支票一张,支付购入上述A、B材料的运杂费6 000元。

购入材料发生的采购费用,凡能分清是为采购某种材料所发生的,可以直接计入该材料的采购成本;分不清的,如同批购入两种或两种以上材料共同发生的采购费用,应按适当标准在该批各种材料之间进行分配,以便正确确定各种材料的采购成本。分配标准可选择重量、体积、价格等,在实际工作中应视具体情况而定。

按照重量比例A、B材料应分摊的运杂费计算如下:
运杂费分配率=6 000/(4 000+8 000)=0.5元/千克
A材料应分摊的运杂费=4 000×0.5=2 000(元)
B材料应分摊的运杂费=8 000×0.5=4 000(元)

借:在途物资——A材料 2 000
　　　　　——B材料 4 000
　贷:银行存款 6 000

【例6-17】 1月15日,从乙公司购进C材料并收到乙公司开具的增值税专用发票,上列C材料500千克,单价60元,价款30 000元,增值税3 900元,价税合计33 900元。另外,由乙公司代垫运杂费500元。材料尚未验收入库,款项尚未支付。

借:在途物资——C材料 30 500
　　应交税费——应交增值税(进项税额) 3 900
　贷:应付账款——乙公司 34 400

【例6-18】 承接例6-17,从乙公司购进C材料并收到乙公司开具的增值税专用发票,上列C材料500千克,单价60元,价款30 000元,增值税3 900元,价税合计33 900元。另外由乙公司代垫运杂费500元,材料尚未验收入库,企业签发商业承兑汇票一张,票面金额为34 400元,期限为6个月。

借:在途物资——C材料 30 500
　　应交税费——应交增值税(进项税额) 3 900
　贷:应付票据——乙公司 34 400

【例6-19】 1月20日,上述A、B、C三种材料全部验收入库,计算并结转其实际成本。

借:原材料——A材料 202 000
　　　　　——B材料 124 000
　　　　　——C材料 30 500
　贷:在途物资——A材料 202 000
　　　　　　——B材料 124 000
　　　　　　——C材料 30 500

【例6-20】 1月22日,以银行存款54 000元向丙公司预付购买D材料的货款。

借:预付账款——丙公司 54 000
　贷:银行存款 54 000

【例6-21】 1月24日,收到丙公司发运来的上月已预付账款34 000元的D材料。收到丙公司开来的增值税专用发票,上列D材料300千克,单价200元,计价款30 000元,增值税进项税额3 900元;除冲销原预付账款外,其差额开出转账支票补付。材料验收入库并结转其实际采购成本。

借:原材料——D材料 30 000
　　应交税费——应交增值税(进项税额) 3 900
　　银行存款 100
　贷:预付账款——丙公司 34 000

第三节 生产过程业务核算

产品生产是工业企业的主要业务活动。工业企业的生产过程,在会计上的反映就是按照经济用途归集各项相关的生产成本,从而正确地计算企业所生产的各种产品的成本。产品的生产费用主要包括直接材料费用、直接人工费用、其他直接费用和各种间接费用即制造费用。企业在一定时期内生产产品所发生的费用中,有些费用在发生时即可计入所生产的产品中去,如直接材料、直接人工费用等;而有些费用在发生时却难以明确其服务对象,必须先加以归集,然后再按照一定的标准和程序分配计入所生产的各种产品的成本中去,如制造费用。

一、生产成本的归集与分配

工业企业在生产过程中要发生各种耗费,比如消耗各种原材料,支付生产工人的工资,厂房、机器设备的磨损和其他费用。这些耗费用货币形式表现出来就称为生产成本。生产成本是为生产各种产品而发生的,最终都要归集、分配到各种产品上去,从而形成各种产品的成本。

生产成本一般分为直接成本和间接成本。直接成本是指企业生产产品过程中实际消耗的直接材料和直接人工。间接成本是指企业为生产产品和提供劳务发生的各项间接支出,通常称为制造费用。

直接材料,是指企业在生产产品和提供劳务过程中所消耗的、直接用于产品生产、构成产品实体的各种原材料及主要材料、外购半成品以及有助于产品形成的辅助材料等。

直接人工,是指企业在生产产品和提供劳务过程中,直接从事产品生产的工人工资、津贴、补贴和福利费等。

制造费用,是指企业为生产产品和提供劳务而发生的各项间接费用,其主要包括生产单位管理人员的工资、福利费,生产单位固定资产的折旧费,生产单位的办公费、水电费、机物料的消耗以及季节性停工损失等。按照权责发生制的要求,这些费用应当计入该车间(或部门)所生产的各种产品生产成本中,但在发生时一般无法直接确定其成本核算对象,因而不能直接计入具体产品的生产成本中。通常对这类费用,先将其计入"制造费用"进行归集,然后再按照一定的标准分配计入各产品的生产成本中。

直接材料、直接人工以及按照一定标准分配到具体产品的制造费用,共同构成了生产该产品的生产成本。

二、生产成本的核算

为了归集、分配生产成本和计算产品成本,需要设置"生产成本""制造费用""应付职工薪酬""累计折旧""库存商品"等账户。

（一）账户设置

(1)"生产成本"账户属于成本类账户,用以核算企业进行生产发生的各项生产支出,包括生产各种产品(包括产成品、自制半成品等)、自制材料、自制工具、自制设备等。该账户借方登记产品生产过程中所发生的各项生产成本,包括直接计入产品成本的直接费用(直接材料与直接人工),以及期末分配转入产品成本的制造费用,贷方登记完工入库产品的生产成本,期末如有余额则为借方余额,表示期末尚未完工产品(在产品)的实际成本。该账户可以按照基本生产成本和辅助生产成本设置明细分类账户,进行明细分类核算。基本生产成本应当分别按照基本生产车间和成本核算对象(如产品的品种、类别、订单、批别、生产阶段等)设置明细账(或成本计算单),并按照规定的成本项目设置专栏。

"生产成本"账户结构如下：

借方	生产成本	贷方
发生额:直接生产费用和应负担的制造费用,包括 直接材料 直接人工 制造费用		发生额:完工产品验收入库转入"库存商品"账户的成本
结余额:在产品(尚未验收入库产品)的成本		

(2)"制造费用"账户属于成本类账户,用以核算企业生产车间、部门为生产产品和提供劳务而发生的各项间接费用。该账户借方登记实际发生的各项制造费用,贷方登记分配转入产品成本的制造费用,期末一般没有余额。该账户可以按照不同的生产车间、部门和费用项目设置明细分类账户,进行明细分类核算。

"制造费用"账户结构如下：

借方	制造费用	贷方
发生额:车间范围内发生的各项间接费用		发生额:期末分配转入"生产成本"账户的制造费用

(3)"应付职工薪酬"账户属于负债类账户,用以核算企业根据有关规定应付给职工的各种薪酬。该账户借方登记实际支付的职工薪酬,贷方登记实际发生的应分配的职工薪酬,期末余额一般在贷方,反映企业应付未付的职工薪酬。该账户可以按照"工资""职工福利""社会保险费""住房公积金""工会经费""职工教育经费"等应付职工薪酬项目设置明细分类账户,进行明细分类核算。

"应付职工薪酬"账户结构如下：

借方	应付职工薪酬	贷方
发生额:实际支付的职工薪酬		发生额:应该支付但尚未支付的职工薪酬
		结余额:尚未支付的职工薪酬

(4)"累计折旧"账户属于资产类账户,用以核算企业对固定资产计提的累计折旧,是固定资产的账面价值调整用账户。该账户借方登记出售、报废、毁损等原因引起固定资产退出企业而相应注销的折旧额,贷方登记计提的固定资产折旧额,期末余额在贷方,表示固定资产已提取的累计折旧数额。该账户可以按照固定资产的类别或项目设置明细分类账户,进行明细分类核算。

"累计折旧"账户结构如下:

借方	累计折旧	贷方
发生额:固定资产折旧的注销	发生额:期末提取的固定资产折旧	
	结余额:期末固定资产折旧的累计剩余数额	

(5)"库存商品"账户属于资产类账户,用以核算企业库存的各种商品的实际成本或计划成本,包括库存产成品、外购商品、存放在门市部准备出售的商品、发出展览的商品以及寄存在外的商品等。该账户借方登记已经完成全部生产过程并已验收入库,可以对外销售的产品的实际成本,贷方登记出库产品的实际成本,期末余额在借方,表示库存产品的实际成本。该账户可以按照产品的品种、种类和规格设置明细分类账户,进行明细分类核算。

"库存商品"账户结构如下:

借方	库存商品	贷方
发生额:购入商品、完工验收入库产成品的成本	发生额:发出库存商品的成本	
结余额:库存商品的结存成本		

下面举例说明生产成本归集与分配的核算过程。

【例6-22】 12月31日,根据本月发料凭证汇总表,共耗用A材料103 000元,其中:甲产品耗用63 000元,乙产品耗用40 000元;共耗用B材料80 000元,其中:甲产品耗用50 000元,乙产品耗用30 000元;车间一般耗用C材料20 000元。

```
借:生产成本——甲产品                113 000
        ——乙产品                 70 000
   制造费用——物料费                20 000
   贷:原材料——A材料                103 000
        ——B材料                 80 000
        ——C材料                 20 000
```

【例6-23】 12月31日,根据本月"工资核算汇总表",本月应付职工薪酬总额为83 000元,其中:生产甲产品的生产工人薪酬为40 000元,生产乙产品的生产工人的薪酬为30 000元,车间管理人员的薪酬为13 000元。

```
借:生产成本——甲产品                 40 000
        ——乙产品                 30 000
   制造费用——工薪费用                13 000
   贷:应付职工薪酬                   83 000
```

【例 6-24】 12月15日,开出金额为83 000元的现金支票,由银行代发职工薪酬并直接划入职工的银行账户。

借:应付职工薪酬　　　　　　　　　　　　　　　　　　83 000
　　贷:银行存款　　　　　　　　　　　　　　　　　　　　83 000

【例 6-25】 12月31日,计算出本月车间固定资产应提折旧8 000元。

借:制造费用——折旧费　　　　　　　　　　　　　　　　8 000
　　贷:累计折旧　　　　　　　　　　　　　　　　　　　　8 000

【例 6-26】 12月6日,用银行存款支付本月对车间用固定资产进行大修理的费用7 000元。

借:制造费用——修理费　　　　　　　　　　　　　　　　7 000
　　贷:银行存款　　　　　　　　　　　　　　　　　　　　7 000

【例 6-27】 12月9日,车间租入专用设备一台,以银行存款支付为期6个月的设备租金6 000元。

借:制造费用——租赁费　　　　　　　　　　　　　　　　6 000
　　贷:银行存款　　　　　　　　　　　　　　　　　　　　6 000

【例 6-28】 12月13日,用银行存款支付车间用办公用品费2 000元、劳动保护费3 000元、水电费4 000元。

借:制造费用——办公费　　　　　　　　　　　　　　　　2 000
　　　　　——劳保费　　　　　　　　　　　　　　　　　3 000
　　　　　——水电费　　　　　　　　　　　　　　　　　4 000
　　贷:银行存款　　　　　　　　　　　　　　　　　　　　9 000

【例 6-29】 12月31日,将本月发生的制造费用63 000元分配转入生产成本。其中,甲产品40 000元,乙产品23 000元。

借:生产成本——甲产品　　　　　　　　　　　　　　　40 000
　　　　　——乙产品　　　　　　　　　　　　　　　　23 000
　　贷:制造费用　　　　　　　　　　　　　　　　　　　63 000

【例 6-30】 12月31日,结转本月完工验收入库的产成品成本316 000元。其中,甲产品成本为193 000元,乙产品成本为123 000元。

借:库存商品——甲产品　　　　　　　　　　　　　　　193 000
　　　　　——乙产品　　　　　　　　　　　　　　　　123 000
　　贷:生产成本——甲产品　　　　　　　　　　　　　　193 000
　　　　　　——乙产品　　　　　　　　　　　　　　　123 000

第四节 销售过程业务核算

销售过程是企业以一定方式将产品销售给购货单位,并按销售价格取得销售收入的过程。销售过程是工业企业资金循环的第三个阶段,也是工业企业生产经营过程的最后阶段。在销售过程中,企业通过产品销售形成产品销售收入。企业取得的产品销售收入是以付出产品为代价的,已销售产品的生产成本就是产品销售成本。在销售过程中,企业为了销售产品,还会发生各种费用支出,如包装费、运输费、装卸费、广告费、展览费以及企业专设的销售机构经费等。这些为销售产品而发生的费用,称销售费用。在销售过程中,企业还应按照国家的有关税法规定,计算并缴纳销售税金。因此,销售过程的主要经济业务是销售收入的实现、销售成本的结转、销售费用的发生,以及销售税金及附加的计算与缴纳。

一、主营业务收支的核算

根据《企业会计准则第 14 号——收入》(2017),按经济业务的内容分类,营业收入可分为销售商品取得的收入、提供服务取得的收入等;按经济业务的核心性分类,营业收入可分为主营业务收入和其他业务收入。工业企业的主营业务范围主要包括销售商品、自制半成品以及提供工业劳务等。

(一)商品销售收入的确认与计量

销售过程的核算首先需要解决的就是销售收入的确认与计量的问题。收入的确认实际上就是解决收入入账时间的问题。收入的计量就是收入的入账金额的确定。企业生产经营活动所获得的收入应当按照权责发生制的要求,根据收入实现原则进行确认与计量。按照《企业会计准则第 14 号——收入》(2017)的要求,营业收入确认的核心原则是营业收入的确认方式应当反映企业向客户转让商品或服务的模式。该准则更强调客户合同的履约义务,规定企业应当在履行了合同中的履约义务时确认收入。

履约义务,是指合同中企业向客户销售商品、提供服务等承诺,既包括合同中明确的承诺,又包括由于企业已经公开宣布的政策、特定声明或以往的习惯做法等导致合同订立时客户合理预期企业将履行的承诺。例如,就企业销售商品而言,客户取得相关商品的控制权时,可视为企业履行了合同中的履约义务。客户取得相关商品控制权,是指能够主导该商品的使用并从中获得几乎全部的经济利益。

当企业与客户之间的合同同时满足下列条件时,企业应当在客户取得相关商品控制权时确认营业收入:

(1)合同各方已批准该合同并承诺将履行各自义务。
(2)该合同明确了合同各方与所销售商品或提供服务等相关的权利和义务。
(3)该合同有明确的与所销售商品或提供服务等相关的支付条款。

(4) 该合同具有商业实质,即履行该合同将改变企业未来现金流量的风险、时间分布或金额。

(5) 企业因向客户销售商品或提供服务等而有权取得的对价很可能收回。

同时满足上述条件,说明企业取得了内容完整、合法有效的具有商业实质的合同,且很可能收到相关价款,在这种情况下,企业履行了合同中的履约义务,及客户取得了相关商品控制权时,企业可以确认营业收入。

《企业会计准则第14号——收入》(2017)关于营业收入计量的核心原则为:计量的金额应反映企业预计因交付这些商品或服务而有权获得的对价。企业应当按照各单项履约义务的交易价格计量营业收入。企业应当根据合同条款,并结合以往的习惯做法确定交易价格。在确定交易价格时,企业应当考虑合同中存在的可变对价、重大融资成分、应付客户对价等因素的影响。

销售商品确认与计量的"五步法"模型将在《中级财务会计》中介绍。

(二) 销售商品业务的会计处理

为了核算企业销售商品所实现的主营业务收入、结转的主营业务成本、发生的销售费用、支付的税金以及因销售商品而与购买单位之间发生的货款结算关系,需要设置"主营业务收入""主营业务成本""销售费用""税金及附加""应收账款""应收票据""预收账款"等账户。

1. 主营业务收入的核算

(1) "主营业务收入"账户属于损益类账户,用以核算企业根据收入准则确认的销售商品、提供劳务等主营业务的收入。该账户借方登记发生销售退回和销售折让时应冲减本期的主营业务收入和期末转入"本年利润"账户的主营业务收入,贷方登记已实现的主营业务收入,期末结转后没有余额。为了详细地反映企业各种主营业务收入的实现情况,该账户可以按照主营业务的种类设置明细账户,进行明细分类核算。

"主营业务收入"账户结构如下:

借方	主营业务收入	贷方
发生额:发生销售退回冲减收入以及期末转入"本年利润"账户的收入		发生额:销售商品、提供劳务等实现的收入

(2) "应收账款"账户属于资产类账户,用以核算企业因销售商品、产品、提供劳务等经营活动应收取的款项以及代购货单位垫付的各种款项。该账户借方登记应收货款的发生额,包括应收取的价款、税款和代垫款等,贷方登记应收货款的收回额,期末余额在借方表示期末尚未收回的应收货款数;期末余额在贷方,表示预收的账款。为了详细地反映每笔应收账款的发生和收回的具体情况,该账户可以按照债务人设置明细分类账户,进行明细分类核算。

"应收账款"账户结构如下:

借方	应收账款	贷方
发生额:销售商品、提供劳务应该收取但尚未收到的款项		发生额:收回的应收款
结余额:尚未收到的应收款		结余额:预收款

(3) "预收账款"账户属于负债类账户,用以核算企业按照合同规定向购货单位预收的款项。该账户借方登记销售实现时冲减的预收货款,贷方登记预收购货单位订货款的增加,期末余额在贷方,表示企业预收款的结余额;期末余额在借方,表示购货单位补付给本企业的款项。该账户可以按照购货单位设置明细分类账户,进行明细分类核算。

"预收账款"账户结构如下:

借方	预收账款	贷方
发生额:销售商品时冲减预收购货单位的款项		发生额:预先收取购货单位的款项
结余额:实际销售时购货单位需要补付的款项		结余额:实际销售时预收购货单位款项的剩余

(4) "应收票据"账户属于资产类账户,用以核算企业因销售商品、产品、提供劳务等而收到的商业汇票,包括银行承兑汇票和商业承兑汇票。该账户借方登记企业收到购货单位开出并承兑的商业汇票的金额,贷方登记票据到期收回购货单位的货款金额,期末余额在借方,表示企业持有的商业汇票的票面金额。该账户可以按照开出、承兑商业汇票的单位设置明细分类账户,进行明细分类核算。

为了了解每一应收票据的结算情况,企业应当设置"应收票据备查簿",逐笔登记每一商业汇票的种类、号数和出票日、票面金额、交易合同号和付款人、承兑人、背书人的姓名或单位名称、到期日、背书转让日、贴现日、贴现率和贴现净额以及收款日和收回金额、退票情况等资料,商业汇票到期结清票款或退票后,应当在备查簿内逐笔注销。

"应收票据"账户结构如下:

借方	应收票据	贷方
发生额:销售商品,提供劳务时收到商业汇票而形成的应收但尚未收到的金额		发生额:商业汇票到期时收到的金额或尚未到期之前贴现减少的金额
结余额:持有的商业汇票的余额		

下面举例说明主营业务收入的核算过程。

【例6-31】 企业销售给A公司甲产品300件,每件售价400元,货款计120 000元,款项已通过银行收讫。(按收入的13%计提增值税)

借:银行存款　　　　　　　　　　　　　　　　　135 600
　　贷:主营业务收入　　　　　　　　　　　　　　120 000
　　　　应交税费——应交增值税(销项税额)　　　　15 600

【例6-32】 企业销售给B公司乙产品1 400件,每件售价380元,货款计532 000元,产品已发出,款项尚未收到。(按收入的13%计提增值税)

借:应收账款——B公司　　　　　　　　　　　　　　　601 160
　　贷:主营业务收入　　　　　　　　　　　　　　　　　532 000
　　　　应交税费——应交增值税(销项税额)　　　　　　　69 160

【例6-33】 C公司向本企业订购甲产品400件,收到其预付款项10 000元,存入银行。

借:银行存款　　　　　　　　　　　　　　　　　　　　10 000
　　贷:预收账款——C公司　　　　　　　　　　　　　　10 000

【例6-34】 向C公司发出甲产品400件,每件售价400元。款项不足部分,C公司以银行存款补付。(按收入的13%计提增值税)

借:预收账款——C公司　　　　　　　　　　　　　　　180 800
　　贷:主营业务收入　　　　　　　　　　　　　　　　　160 000
　　　　应交税费——应交增值税(销项税额)　　　　　　　20 800
借:银行存款　　　　　　　　　　　　　　　　　　　　8 080
　　贷:预收账款——C公司　　　　　　　　　　　　　　8 080

【例6-35】 向D公司销售乙产品1 000件,每件售价380元。收到对方开来的商业承兑汇票,面值为429 400。(按收入的13%计提增值税)

借:应收票据——C公司　　　　　　　　　　　　　　　429 400
　　贷:主营业务收入　　　　　　　　　　　　　　　　　380 000
　　　　应交税费——应交增值税(销项税额)　　　　　　　49 400

2. 主营业务成本的核算

企业在销售商品的过程中,一方面减少了库存商品,另一方面已经销售商品的生产成本是为了取得主营业务收入而发生的垫付资金,表明企业发生了费用。我们把这项费用称为主营业务成本。根据配比原则,主营业务成本的结转应与主营业务收入在同一会计期间确认,而且与主营业务收入在销售数量上应该保持一致。主营业务成本的计算公式为:

$$本期应结转的主营业务成本 = 本期销售商品的数量 \times 单位商品的生产成本$$

为了核算主营业务成本的发生和结转情况,需要设置"主营业务成本"账户。该账户属于损益类账户,用以核算企业销售商品、提供劳务而发生的实际成本及其结转情况。该账户借方登记确认主营业务收入时应结转的成本,贷方登记期末转入"本年利润"账户的主营业务成本,期末结转后没有余额。为了详细地反映企业各种主营业务成本的发生情况,该账户可以按照主营业务的种类设置明细分类账户,进行明细分类核算。

"主营业务成本"账户的结构如下:

借方	主营业务成本	贷方
发生额:销售商品、提供劳务发生的营业成本		发生额:期末转入"本年利润"账户的营业成本

下面举例说明主营业务成本的核算过程：

【例 6-36】 企业结转本月销售甲、乙产品的销售成本，其中甲产品的单位成本为 300 元，共销售 700 件，乙产品单位成本为 200 元，共销售 2 400 件。

借：主营业务成本——甲产品　　　　　　　　　　　　　210 000
　　　　　　　　　——乙产品　　　　　　　　　　　　　480 000
　　贷：库存商品——甲产品　　　　　　　　　　　　　　210 000
　　　　　　　　——乙产品　　　　　　　　　　　　　　480 000

3. 销售费用的核算

企业在销售商品的过程中，除已经垫付了前一阶段的生产成本费用，还会发生销售费用。销售费用是指企业在销售商品和材料、提供劳务的过程中发生的各种费用以及专设销售机构的各项经费，包括应由企业负担的销售部门人员薪酬、运输费、装卸费、包装费、保险费、广告费、展览费、售后服务费、差旅费、办公费、折旧费、固定资产修理费和其他经费等。

为了核算销售费用的发生情况，需要设置"销售费用"账户。该账户属于损益类账户，用以核算该账户借方登记发生的各项销售费用，贷方登记期末转入"本年利润"账户的销售费用额，期末结转后没有余额。该账户可以按照费用项目设置明细分类账户，进行明细分类核算。

"销售费用"账户的结构如下：

借方	销售费用	贷方
发生额：发生的各项销售费用		发生额：期末转入"本年利润"账户的销售费用

下面举例说明销售费用的核算过程。

【例 6-37】 企业用银行存款支付广告费 5 000 元，确定专设销售机构人员工资 50 000 元。

借：销售费用　　　　　　　　　　　　　　　　　　　　55 000
　　贷：银行存款　　　　　　　　　　　　　　　　　　　5 000
　　　　应付职工薪酬　　　　　　　　　　　　　　　　50 000

4. 税金及附加的核算

企业因销售产品等应该向国家税务机关缴纳各种销售税金及附加，主要包括消费税、城市维护建设税、资源税、教育费附加，以及车船税、房产税、城镇土地使用税和印花税等相关税费。这些税金及附加一般根据有关计税基数，按照规定的税率计算缴纳。其中：

　　　　应交消费税 = 应税消费品的销售额 × 消费税税率
　　　　应交城市维护建设税 =（应交消费税 + 应交增值税）× 城建税税率

教育费附加的计算同城市维护建设税，只是缴纳比例不同。由于这些税金及附加大多是在当月计算而在下个月缴纳。在计算税金及附加时，一方面增加了企业当期的一项费用，另一方面形成企业的一项负债。

为了核算产品销售税金，需要设置"税金及附加"账户。该账户属于损益类账户，借方登记应缴纳的各种税金及附加，贷方登记期末转入"本年利润"账户的税金及附加额，期末结转后没有余额。

"税金及附加"账户的结构如下:

借方	税金及附加	贷方
发生额:按照税法规定计算的消费税、城建税及教育费附加等		发生额:期末转入"本年利润"账户的税金及附加额

下面举例说明税金及附加额的核算过程。

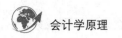【例6-38】 经计算,当期销售商品应缴纳的消费税为40 000元、城市维护建设税10 000元,教育费附加5 000元。

借:税金及附加　　　　　　　　　　　　　　　55 000
　　贷:应交税费——应交消费税　　　　　　　　　　40 000
　　　　　　　——应交城市维护建设税　　　　　　10 000
　　　　　　　——应交教育费附加　　　　　　　　 5 000

二、其他业务收支的核算

企业在经营过程中除了发生主营业务以外,还会发生一些非经常性的、具有兼营性的其他业务。其他业务是指企业在经营过程中发生的除主营业务以外的其他销售业务,包括销售材料、出租包装物、出租固定资产、出租无形资产等。对不同的企业而言,主营业务和其他业务的内容划分并不是绝对的,即便在同一个企业里,不同期间的主营业务和其他业务的内容也并非固定不变的。其他业务收入和支出的确认原则和计量方法与主营业务基本相同,但按照重要性的要求,对其他业务的核算采取比较简单的方法。需要注意的是,其他业务活动发生的销售费用和相关税费,分别在"销售费用"账户、"税金及附加"账户中进行核算。这里和主营业务收支的相关核算内容一致,不再重复介绍。

(一)其他业务收入的核算

为了核算企业通过其他业务实现的收入,需要设置"其他业务收入"账户。该账户属于损益类账户,用来核算企业除主营业务以外的其他业务收入的实现及其结转情况。该账户贷方登记其他业务收入的实现,借方登记期末转入"本年利润"账户的其他业务收入额,期末结转后没有余额。该账户可以按照其他业务收入种类,设置明细分类账户,进行明细分类核算。

"其他业务收入"账户的结构如下:

借方	其他业务收入	贷方
发生额:期末转入"本年利润"账户的收入		发生额:销售材料、出租固定资产等其他业务实现的收入

下面举例说明其他业务收入的核算过程。

【例 6-39】 企业出售一批原材料,售价 8 000 元,增值税税率 13%。款已收到并存入银行。

借:银行存款　　　　　　　　　　　　　　　　　　　　　9 040
　　贷:其他业务收入　　　　　　　　　　　　　　　　　　　8 000
　　　　应交税费——应交增值税(销项税额)　　　　　　　　1 040

【例 6-40】 企业转让商标使用权,获取收入 290 000 元。款项存入银行。

借:银行存款　　　　　　　　　　　　　　　　　　　　　290 000
　　贷:其他业务收入　　　　　　　　　　　　　　　　　　290 000

(二)其他业务成本的核算

同主营业务成本的核算类似,企业实现其他业务收入的同时,也要发生一些与其他业务有关的成本和费用,包括销售原材料的成本、出租包装物的成本或摊销额、出租无形资产的摊销额等。为了核算这些支出,需要设置"其他业务成本"账户。该账户属于损益类账户,用以核算企业除主营业务以外的其他业务成本的发生及其结转情况。该账户借方登记其他业务成本的发生,贷方登记期末转入"本年利润"账户的其他业务成本额,期末结转后没有余额。该账户可以按照其他业务成本的种类设置明细分类账户,进行明细分类核算。

"其他业务成本"账户的结构如下:

借方	其他业务成本	贷方
发生额:销售材料、出租固定资产等其他业务发生的营业成本	发生额:期末转入"本年利润"账户的营业成本	

下面举例说明其他业务成本的核算过程。

【例 6-41】 承接【例 6-38】,结转该批原材料的成本 6 000 元。

借:其他业务成本　　　　　　　　　　　　　　　　　　　6 000
　　贷:原材料　　　　　　　　　　　　　　　　　　　　　6 000

【例 6-42】 承接【例 6-39】,本月该商标权的摊销计提额为 4 000 元。

借:其他业务成本　　　　　　　　　　　　　　　　　　　4 000
　　贷:累计摊销　　　　　　　　　　　　　　　　　　　　4 000

第五节　利润形成及利润分配业务核算

工业企业作为独立核算的经济实体,应当以自己的经营收入抵补其成本费用,并且实现盈利。企业盈利在很大程度上反映企业生产经营的经济效益,表明企业在每一会计期间的最终经营成果。

一、利润的构成与计算

（一）营业利润

利润是企业在一定会计期间的经营成果,利润包括收入减去费用后的净额、直接计入当期损益的利得和损失等。直接计入当期的利得和损失,是指应当计入当期损益、会导致所有者权益发生增减变动的、与所有者投入资本或者向所有者分配利润无关的利得或者损失。从构成内容来看,利润既包括通过生产经营活动获得的,又包括通过投资活动获得的,还包括与生产经营活动没有直接关系的各项收入和支出等。按照我国企业会计准则的规定,工业企业利润指标的相关计算公式如下：

营业利润＝营业收入－营业成本－税金及附加－销售费用－管理费用－研发费用－财务费用＋其他收益＋投资收益±公允价值变动损益－信用减值损失－资产减值损失±资产处置损益

其中,营业收入是指企业经营业务所实现的收入总额,包括主营业务收入和其他业务收入。营业成本是指企业经营业务所发生的实际成本总额,包括主营业务成本和其他业务成本。税金及附加是指企业应该缴纳的消费税、城建税、教育费附加等相关税费。销售费用、管理费用、财务费用是指直接计入当期损益的期间费用。研发费用是指企业研究开发过程中发生的费用化支出。其他收益是指企业收到的与日常活动相关的政府补助形成的收益。投资收益是指企业从事各项对外投资活动取得的损益。公允价值变动收益是指企业交易性金融资产等因公允价值变动形成的损益。信用减值损失是指金融资产中的应收款项、债权投资、其他债权投资等资产价值下跌发生的损失。资产减值损失是指企业计提各项资产减值准备所形成的损失。资产处置收益是指处置固定资产、无形资产等产生的损益。

（二）营业外收支的核算

企业的营业外收支包括营业外收入和营业外支出。为了核算其具体内容,需要设置"营业外收入""营业外支出"等账户。

(1)"营业外收入"账户属于损益类账户,用以核算企业发生的各项营业外收入,主要包括盘盈利得、捐赠利得、政府补助等。该账户贷方登记营业外收入的实现即增加,借方登记期末转入"本年利润"账户的营业外收入额,期末结转后没有余额。该账户可以按照营业外收入项目设置明细分类账,进行明细分类核算。

"营业外收入"账户的结构如下：

借方	营业外收入	贷方
发生额:期末转入"本年利润"账户的营业外收入	发生额:非日常活动实现的营业外收入	

(2)"营业外支出"账户属于损益类账户,用以核算企业发生的各项营业外支出,包括公益性捐赠支出、非常损失、盘亏损失等。该账户借方登记营业外支出的发生,贷方登记期末转入"本年利润"账户的营业外支出额,期末结转后没有余额。该账户可以按照支出项目设置明细分类账,进行明细分类核算。

"营业外支出"账户的结构如下:

借方	营业外支出	贷方
发生额:非日常活动形成的营业外支出		发生额:期末转入"本年利润"账户的营业外支出

下面举例说明营业外收支的核算过程。

【例6-43】 员工小张违纪,按照公司规定,罚款1 000元,收到现金。

借:库存现金　　　　　　　　　　　　　　　　　　　1 000
　　贷:营业外收入　　　　　　　　　　　　　　　　　　　1 000

【例6-44】 企业向公益活动捐款50 000元,通过银行存款转账支付。

借:营业外支出　　　　　　　　　　　　　　　　　　50 000
　　贷:银行存款　　　　　　　　　　　　　　　　　　　　50 000

3. 所得税费用的核算

所得税费用是指应在会计税前利润中扣除的所得税费用,包括当期所得税费用和递延所得税费用或递延所得税收益。所得税费用的确认应采用资产负债表债务法。资产负债表债务法将在《中级财务会计》中介绍,本教材只针对当期所得税费用的计算与确认。当期所得税费用是指按照当期应缴纳的所得税确认的费用。

$$应交所得税 = 应纳税所得额 \times 适用税率$$

这里的应纳税所得额是根据税法规定确认的收入与费用配比计算的利润数,与税前会计利润(即根据会计准则确认的收入与费用配比计算的利润数)可能不同。在实际工作中,企业计算出的税前会计利润与纳税所得之间产生差异时,应在缴纳所得税时,对税前会计利润按照税法规定加以调整。本书为了简化核算,假设纳税调整事项金额为零,按照会计利润作为当期所得税费用计算的基础。

为了核算所得税费用,需要设置"所得税费用"账户。该账户属于损益类账户,用以核算企业确认的应从当期利润总额中扣除的所得税费用。该账户借方登记按照应纳税所得额计算出的所得税费用额,贷方登记期末转入"本年利润"账户的所得税费用额,期末结转后没有余额。

"所得税费用"账户的结构如下:

借方	所得税费用	贷方
发生额:计算出的所得税费用额		发生额:期末转入"本年利润"账户的所得税费用额

下面举例说明所得税费用的核算过程。

【例 6-45】 根据前述内容,企业本期实现的利润总额为 649 500 元,假设没有纳税调整项目,按照 25%计算本期的所得税费用。

借:所得税费用　　　　　　　　　　　　　　　　　162 375
　　贷:应交税费——应交所得税　　　　　　　　　　　　162 375

(三) 利润总额

利润总额 = 营业利润 + 营业外收入 - 营业外支出

其中,营业外收入是指企业发生的与日常活动无直接关系的各项利得,主要包括盘盈利得、罚款收入、接受捐赠收入、与企业日常活动无关的政府补助收益等。营业外支出是指企业发生的与日常活动无直接关系的各项损失,主要包括固定资产盘亏、毁损、报废等的净损失、非常损失、对外捐赠支出和罚款支出等。

(四) 净利润

净利润 = 利润总额 - 所得税费用

其中,所得税费用是指企业确认的应从当期利润总额中扣除的所得税费用。

二、营业利润形成过程的核算

营业利润中的部分内容,比如主营业务收入、主营业务成本、其他业务收入、其他业务成本、税金及附加等已经在前面销售过程的业务核算做过介绍,这部分主要介绍期间费用、投资收益等项目的核算。

(一) 期间费用的核算

期间费用是指不能直接归属于某个特定的产品成本,而应直接计入当期损益的各种费用。期间费用不计入产品生产成本,而是从当期损益中予以扣除,包括销售费用、管理费用、财务费用。

管理费用是指企业行政管理部门为组织和管理企业生产经营所发生的各种费用,包括企业在筹建期间内发生的开办费、董事会和行政管理部门在企业的经营管理中发生的或者应由企业统一负担的公司经费(包括行政管理部门职工工资及福利费、物料消耗、低值易耗品摊销办公费和差旅费等)、工会经费、董事会费(包括董事会成员津贴、会议费和差旅费等)、聘请中介机构费、咨询费(含顾问费)、诉讼费、业务招待费、技术转让费、矿产资源补偿费、排污费以及行政管理部门等发生的固定资产修理费用等费用。

销售费用是指销售商品和材料、提供劳务等日常经营过程中发生的各种费用,包括保险费、包装费、展览费、广告费、商品维修费、装卸费等以及为销售本企业商品而专设的销售机构(含销售网点、售后服务网点等)的职工薪酬、业务费、折旧费、固定资产修理费用等费用。

财务费用是指企业为筹集生产经营所需资金等而发生的筹资费用,包括利息支出(减利息收入)、汇兑差额以及相关的手续费等费用。

为了核算期间费用,除了"财务费用""销售费用"账户外(前面资金筹集业务部分、销售过程业务已做介绍),还需要设置"管理费用"账户。该账户属于损益类账户,用以核算企业为组织和管理企业生产经营所发生的各种费用,包括行政部门人员薪酬、劳动保护费、待业保险费、董事会费、咨询费、审计费、诉讼费、排污费、绿化费、技术转让费、无形资产摊销、业务招待费、存货盘亏和毁损(减盘盈)以及其他管理费用。该账户借方登记发生的各项管理费用,贷方登记期末转入"本年利润"账户的管理费用额,期末结转后没有余额。本账户可以按照费用项目设置明细分类账,进行明细分类核算。需要注意的是,企业在进行研究与开发过程中发生的费用化支出,原来也在"管理费用"中核算,现行准则要求在单独设置的"研发费用"账户中核算。

"管理费用"账户的结构如下:

借方	管理费用	贷方
发生额:发生的各项管理费用		发生额:期末转入"本年利润"账户的管理费用

下面举例说明管理费用的核算过程。

【例6-46】 行政管理人员小王出差,预借差旅费2 000元,以现金支付。

借:其他应收款——小王　　　　　　　　　　　　2 000
　　贷:库存现金　　　　　　　　　　　　　　　　　　2 000

【例6-47】 小王出差归来,报销差旅费1 500元,余额退回500元现金。

借:管理费用　　　　　　　　　　　　　　　　　1 500
　　库存现金　　　　　　　　　　　　　　　　　　500
　　贷:其他应收款——小王　　　　　　　　　　　　2 000

(二)投资收益的核算

企业除了进行正常生产经营活动外,为了合理高效地使用资金以获取更多经济利益,企业可以将资金投放于债券、股票或其他资产,形成对外投资。投资收益是指企业从事各项对外投资活动取得的收益(各项投资业务取得的收入大于其成本的差额);投资损失是指企业从事各项对外投资活动发生的损失(各项投资业务取得的收入小于其成本的差额)。投资收益大于投资损失的差额为投资净收益,反之则为投资净损失。

为了核算投资损益,需要设"投资收益"账户。该账户属于损益类账户,用以核算企业确认的投资收益或投资损失。该账户贷方登记实现的投资收益和期末转入"本年利润"账户的投资净损失,借方登记发生的投资损失和期末转入"本年利润"账户的投资净收益,期末结转后没有余额。"投资收益"可以按照投资项目设置明细分类账户,进行明细分类核算。

"投资收益"账户的结构如下:

借方	投资收益	贷方
发生额:投资损失以及期末转入"本年利润"账户的投资净收益		发生额:实现的投资收益以及期末转入"本年利润"账户的投资净损失

下面举例说明投资收益的核算过程。

【例 6-48】 企业收到被投资单位宣告发放的现金股利 20 000 元,确认为投资收益,款项存入银行。

　　借:银行存款　　　　　　　　　　　　　　　　　20 000
　　　贷:投资收益　　　　　　　　　　　　　　　　　　　20 000

通过上述各项经济业务的核算,可以计算出企业的营业利润。企业通过销售甲产品和乙产品,共实现主营业务收入为 1 192 000 元(120 000＋532 000＋160 000＋380 000),结转的主营业务成本为 690 000 元(210 000＋480 000),发生的税金及附加为 55 000 元,在其他业务活动中实现其他业务收入为 298 000 元(8 000＋290 000),结转的其他业务成本为 10 000 元(6 000＋4 000),期间费用为 56 500 元(1 500＋55 000),投资收益为 20 000 元。将上述主营业务收支、其他业务收支、期间费用、投资收益等内容综合起来,则可以计算出企业的营业利润为 698 500 元(1 192 000－690 000－55 000＋298 000－10 000－56 500＋20 000)。

三、净利润形成过程的核算

(一)利润总额的计算

利润总额是指企业在缴纳所得税之前实现的利润。如前文所述,利润总额由营业利润和营业外收支两部分内容构成。以前面的举例来说明,企业本期实现的营业利润为 698 500 元,营业外收入为 1 000 元,营业外支出为 50 000 元,则企业的利润总额为 649 500 元(698 500＋1 000－50 000)。企业赚取了利润,形成了一定会计期间的所得额,按照税法规定针对应纳税所得额计算缴纳所得税费用。

(二)净利润的核算

企业的利润总额扣除所得税费用后,即为企业的净利润。为了核算净利润的具体形成情况,需要设置"本年利润"账户。净利润的核算一般可以分为账结法和表结法两种方式。账结法是指在每月月末将所有损益类账户的余额转入"本年利润"账户。经过上述结转后,损益类账户月末均没有余额,"本年利润"账户的贷方余额表示年度内累计实现的净利润,借方余额表示年度内累计发生的净亏损。采用账结法,账面上能够直接反映各月末累计实现的净利润和累计发生的净亏损,但每月结转本年利润的工作量较大。表结法是指各月月末不结转本年利润,只有在年末才将所有损益类账户的余额转入"本年利润"账户。采用表结法,各损益类账户的月末余额表示累计的收入或费用,"本年利润"账户 1—11 月末不作任何记录。12 月末一次结转本年利润,结转后年末损益类账户没有余额。"本年利润"账户的贷方余额表示全年累计实现的净利润,借方余额表示全年累计发生的净亏损。采用表结法,各月末的累计净利润或净亏损不能在账面上直接得到反映,但由于平时不必结转本年利润,能够简化核算工作。企业可以根据需要选择账结法或者表结法。

"本年利润"账户属于所有者权益类账户,用以核算企业当期实现的净利润(或发生的净亏损)。该账户贷方登记期末(月末或者年末,下同)转入的各项收入,包括主营业务收入、其他业务收入、投资净收益和营业外收入等,借方登记期末账户转入的各项费用,包括主营业务成本、其他业务成本、税金及附加、期间费用、投资净损失、营业外支出和所得税费用等。该账户年内期末余额如果在贷方,表示实现的累计净利润;期末余额如果在借方,表示累计发生的亏损。年末应该将该账户的余额转入"利润分配"账户,年末结转后没有余额。

"本年利润"账户的结构如下:

借方	本年利润	贷方
发生额:期末转入的各项费用,包括 　主营业务成本 　其他业务成本 　税金及附加 　管理费用 　销售费用 　财务费用 　投资净损失 　营业外支出 　所得税费用等		发生额:期末转入的各项收入,包括 　主营业务收入 　其他业务收入 　投资净收益 　营业外收入等
结余额:累计亏损		结余额:累计净利润

下面举例说明各损益类账户期末结转的核算过程。

【例6-49】 企业在年末将实现的各项收入包括主营业务收入 1 192 000 元、其他业务收入 298 000 元、投收益 20 000 元、营业外收入 1 000 元转入"本年利润"账户。

　　借:主营业务收入　　　　　　　　　　　　　　　1 192 000
　　　　其他业务收入　　　　　　　　　　　　　　　　298 000
　　　　投资收益　　　　　　　　　　　　　　　　　　 20 000
　　　　营业外收入　　　　　　　　　　　　　　　　　　1 000
　　　贷:本年利润　　　　　　　　　　　　　　　　　1 511 000

【例6-50】 企业在年末将实现的各项费用包括主营业务成本 690 000 元、其他业务成本 10 000 元、税金及附加 55 000 元、期间费用 56 500 元、营业外支出 50 000 元、所得税费用 16 2375 元转入"本年利润"账户。

　　借:本年利润　　　　　　　　　　　　　　　　　1 023 875
　　　贷:主营业务成本　　　　　　　　　　　　　　　690 000
　　　　　其他业务成本　　　　　　　　　　　　　　　 10 000
　　　　　税金及附加　　　　　　　　　　　　　　　　 55 000
　　　　　管理费用　　　　　　　　　　　　　　　　　　1 500

销售费用	55 000
营业外支出	50 000
所得税费用	162 375

由此，可以计算得出企业本期实现净利润为 487 125 元(1 511 000 − 1 023 875)。

四、企业利润分配业务的核算

工业企业资金运动的终点是资金分配退出企业。利润分配就是企业根据股东大会或类似权力机构批准的，对企业可供分配利润指定其特定用途和分配给投资者的行为。股份公司实现的净利润应按公司法、公司章程以及股东大会决议的要求进行分配。利润分配涉及各个方面的利益关系，包括投资者、企业、内部职工等的经济利益，所以必须兼顾各方面利益主体的利益，正确地对利润分配的具体内容进行会计核算。

(一) 利润分配的顺序

根据《公司法》等有关法规的规定，企业当年实现的净利润，一般应当按照如下顺序进行分配：

(1) 提取法定盈余公积金。法定盈余公积金按照本年实现净利润的一定比例提取，公司制企业(包括国有独资公司、有限责任公司和股份有限公司，下同)按公司法规定按净利润的 10% 提取；其他企业可以根据需要确定提取比例，但不得低于 10% 提取。企业提取的法定盈余公积累计额超过其注册资本的 50% 以上的，可以不再提取。

但是，公司的法定公积金不足以弥补以前年度亏损的，在提取法定公积金之前，应当先用当年利润弥补亏损。

(2) 提取任意公积金。公司从税后利润中提取法定公积金后，经股东会或者股东大会决议，还可以从税后利润中提取任意公积金。

企业提取盈余公积(包括法定盈余公积和任意盈余公积)的用意在于，第一，弥补亏损。按照所得税法规定，企业某年度发生的亏损，在其后 5 年内可以用税前利润弥补，从其后第 6 年开始，只能用净利润弥补。如果净利润还不够弥补亏损，则可以用发生亏损以前提取的盈余公积来弥补。第二，转增资本。第三，扩大企业生产经营规模。

(3) 向投资者分配利润或股利。公司弥补亏损和提取公积金后剩余的税后利润，再加上期初未分配利润和其他转入数(公积金弥补的亏损等)，形成可供投资者分配的利润。有限责任公司按照实缴的出资比例分取红利，但是全体股东约定不按照出资比例分取红利的除外；股份有限公司按照股东持有的股份比例分配，但是股份有限公司章程规定不按持股比例分配的除外。

可供投资者分配的利润 = 净利润 − 弥补以前年度的亏损 − 提取的法定公积金 − 提取的任意公积金 + 以前年度未分配利润 + 公积金转入数

可供投资者分配的利润，应按下列顺序分配：

(1) 支付优先股股利，是指企业按照利润分配方案分配给优先股股东的股利，是按照优先股面值和固定的股利率计算支付的。

(2) 支付普通股现金股利，是指企业按照公司的盈利水平和股利政策确定利润分配方案分配给普通股股东的现金股利。

（3）转作资本或股本的普通股股利，是指企业按照利润分配方案以分派股票股利的形式转作的资本或股本。

可供投资者分配的利润经过上述分配后，剩余的部分即为企业的未分配利润（或未弥补的亏损），年末未分配利润可按下列公式计算：

年末未分配利润＝可供投资者分配的利润－优先股股利－普通股股利

未分配利润是企业留待以后年度进行分配的利润或等待分配的利润，它是所有者权益的重要组成部分，企业对未分配利润的使用相对于所有者权益的其他部分而言，拥有较大的自主权。

（二）利润分配业务的核算

企业对实现的利润进行分配，就意味着利润的减少，本来应该在"本年利润"账户的借方进行登记，表示对本年利润的冲减。但如果这样处理，会使得"本年利润"账户的期末贷方余额表示实现的利润额减去已分配的利润额后的差额，即未分配利润额，而不能提供本年累计实现的净利润额这一非常重要的管理指标。因此，为了兼顾净利润核算与利润分配核算的要求，利润分配的具体过程及结果并不通过"本年利润"账户来反映，需要单独设置"利润分配"账户。除此以外，还需要设置"盈余公积""应付股利"等账户。

（1）"利润分配"账户属于所有者权益类账户，用以核算企业利润的分配（或亏损的弥补）和历年分配（或弥补）后的余额。该账户借方登记实际分配的利润数，包括提取的盈余公积金和分配给投资者的利润或股利，以及年末从"本年利润"账户转入的全年累计亏损额，贷方登记用盈余公积弥补的亏损额以及年末从"本年利润"账户转入的全年累计净利润额。期末余额如果是年末贷方余额，表示累计未分配利润，如果是年末借方余额，表示累计未弥补亏损。为了具体反映企业利润分配情况和未分配利润情况，本账户可以设置"提取法定盈余公积""提取任意盈余公积""应付现金股利""转作股本的股利""盈余公积补亏""未分配利润"等明细分类账户，进行明细分类核算。年末应将"利润分配"账户下的其他明细账户余额转入"未分配利润"明细账户，经过结转后，除了"未分配利润"明细账户有余额外，其他各个明细账户均无余额。

"利润分配"账户的结构如下：

借方	利润分配	贷方
发生额：实际分配的利润额，包括 　　提取法定盈余公积 　　应付现金股利 　　转作资本的股利 　　年末从"本年利润"账户转入的亏损		发生额：盈余公积补亏、年末从"本年利润"账户转入的全年净利润
结余额：年内余额为已分配利润额 　　　年末余额为未弥补亏损额		结余额：未分配利润

（2）"盈余公积"账户属于所有者权益类账户，用以核算企业从净利润中提取的盈余公积金。该账户贷方登记提取的盈余公积金，借方登记实际使用的盈余公积金，期末余额在贷

方,表示结余的盈余公积金。该账户可以按照盈余公积金的种类设置"法定盈余公积""任意盈余公积"明细分类账户,进行明细分类核算。

"盈余公积"账户的结构如下:

借方	盈余公积	贷方
发生额:实际使用的盈余公积金		发生额:年末提取的盈余公积金
		结余额:盈余公积金结存数

(3)"应付股利"账户属于负债类账户,用以核算企业分配的现金股利或利润。该账户贷方登记应付给投资者现金股利或利润的增加,借方登记实际支付给投资者的现金股利或利润,期末余额在贷方,表示应付未付的现金股利或利润。需要注意的是,企业分配给投资者的股票股利不在本账户核算。该账户可以按照投资者设置明细分类账户,进行明细分类核算。

"应付股利"账户的结构如下:

借方	应付股利	贷方
发生额:实际支付给股东的股利或利润		发生额:应该支付但尚未支付给股东的股利或利润
		结余额:尚未支付给股东的股利或利润

【例 6-51】 经股东大会批准,企业按净利润的 10% 提取盈余公积。本期实现的净利润为 487 125 元。

借:利润分配——提取法定盈余公积　　　　　　　48 712.5
　　贷:盈余公积　　　　　　　　　　　　　　　　　48 712.5

【例 6-52】 经股东大会决议,企业分配给股东的现金股利为 50 000 元。

借:利润分配——应付股利　　　　　　　　　　　50 000
　　贷:应付股利　　　　　　　　　　　　　　　　　50 000

【例 6-53】 企业以前年度累计未弥补亏损 15 000 元,已经超过了用税前利润弥补的期限。经股东大会决议,用盈余公积金全额补亏。

借:盈余公积　　　　　　　　　　　　　　　　　15 000
　　贷:利润分配——盈余公积补亏　　　　　　　　　15 000

【例 6-54】 企业在年末结转本期实现的净利润。

借:本年利润　　　　　　　　　　　　　　　　　487 125
　　贷:利润分配——未分配利润　　　　　　　　　　487 125

【例 6-55】 企业在会计期末结清利润分配账户所属的各有关明细账户。

借:利润分配——未分配利润　　　　　　　　　　98 712.5
　　贷:利润分配——提取法定盈余公积　　　　　　　48 712.5
　　　　　　　　——应付股利　　　　　　　　　　　50 000
借:利润分配——盈余公积补亏　　　　　　　　　15 000
　　贷:利润分配——未分配利润　　　　　　　　　　15 000

课 后 习 题

一、单项选择题

1. 一般将企业所有者权益中的盈余公积和未分配利润称为( )。
   A. 实收资本   B. 资本公积
   C. 留存收益   D. 所有者权益

2. 企业从税后利润中提取法定盈余公积时,应贷记的账户是( )。
   A. "营业外收入"账户   B. "实收资本"账户
   C. "资本公积"账户   D. "盈余公积"账户

3. 企业为维持正常的生产经营所需资金而向银行等机构借入借款期在一年以内的款项一般称为( )。
   A. 长期借款   B. 短期借款
   C. 长期负债   D. 流动负债

4. "固定资产"账户的借方余额减去"累计折旧"账户的贷方余额的差额表示( )。
   A. 固定资产的损耗价值   B. 固定资产的原始价值
   C. 固定资产的折余价值即净值   D. 固定资产的重置完全价值

5. 与"制造费用"账户不可能发生对应关系的账户是( )。
   A. 库存现金   B. 银行存款
   C. 应付职工薪酬   D. 库存商品

6. 购进材料入库,其价税款通过银行支付,首先应编制的分录是( )。
   A. 借:材料采购
          应交税金——应交增值税
      贷:银行存款
   B. 借:原材料
          应交税金——应交增值税
      贷:银行存款
   C. 借:材料采购
      贷:银行存款
   D. 借:原材料
      贷:银行存款

7. 已经完成全部生产过程并已验收入库,可供对外销售的产品即为( )。
   A. 已销产品   B. 生产成本   C. 销售成本   D. 产成品

8. 下列属于其他业务收入的是( )。
   A. 利息收入   B. 出售材料收入
   C. 投资收益   D. 清理固定资产净收益

9. 企业8月末负债总额100万元,9月份收回欠款15万元,用银行存款归还借款10万元,用银行存款预付购货款5万元,则9月末负债总额为( )。
   A. 110万元   B. 105万元   C. 90万元   D. 80万元

10. 下列业务中能引起资产和负债同时增加的是（　　）。
    A. 用银行存款购买材料　　　　B. 预收销货款存入银行
    C. 提取盈余公积金　　　　　　D. 年终结转利润
11. 应由本期负担,但本期末未支付的费用是（　　）。
    A. 预付费用　　B. 待摊费用　　C. 预提费用　　D. 已付费用
12. 在权责发生制下,下列货款应列作本期收入的是（　　）。
    A. 本月销货款存入银行
    B. 上个月销货款本月收存银行
    C. 本月预收下月货款存入银行
    D. 本月收回上月多付给供应单位的预付款存入银行
13. 下列业务属于资产内部一增一减的是（　　）。
    A. 收回外单位欠款　　　　　　B. 支付欠外单位款
    C. 借入短期借款　　　　　　　D. 销售货款存入银行
14. 期间费用账户期末应（　　）。
    A. 有借方余额　　　　　　　　B. 有贷方余额
    C. 没有余额　　　　　　　　　D. 同时有借、贷方余额
15. 下列经济业务中,能引起公司股东权益总额发生变化的是（　　）。
    A. 用资本公积转增资本　　　　B. 向投资人分配股票股利
    C. 接受投资者投入的设备　　　D. 用盈余公积弥补亏损
16. 下列不属于营业外支出的项目是（　　）。
    A. 固定资产盘亏损失　　　　　B. 非常损失
    C. 企业子弟学校经费　　　　　D. 坏账损失
17. 下列费用中,不构成产品成本的有（　　）。
    A. 直接材料费　　B. 直接人工费　　C. 期间费用　　D. 制造费用
18. "本年利润"账户年内的贷方余额表示（　　）。
    A. 利润分配额　　B. 未分配利润额　　C. 净利润额　　D. 亏损额
19. 年末结转后,"利润分配"账户的贷方余额表示（　　）。
    A. 实现的利润总额　　　　　　B. 净利润额
    C. 利润分配总额　　　　　　　D. 未分配利润额
20. 不影响本期营业利润计算的项目是（　　）。
    A. 主营业务成本　B. 管理费用　C. 主营业务收入　D. 所得税费用

二、多项选择题
1. 制造企业的主要经济业务包括（　　）。
    A. 资金筹集业务　　B. 生产准备业务　　C. 产品生产业务
    D. 产品销售业务　　E. 财务成果业务
2. 下列引起资产和所有者权益同时增加的业务有（　　）。
    A. 收到国家投资存入银行　　　B. 提取盈余公积金
    C. 收到外商投入设备一台　　　D. 将资本公积金转增资本
    E. 收到外单位捐赠设备一台

3. 材料的采购成本包括( )。
   A. 材料买价　　　　　　　　B. 增值税进项税额
   C. 采购费用　　　　　　　　D. 采购人员差旅费
   E. 小额的市内材料运杂费

4. 企业产品完工验收入库,会使用到的会计科目包括( )。
   A. 库存商品　　　B. 制造费用　　　C. 生产成本
   D. 原材料　　　　E. 应付职工薪酬

5. 主营业务收入实现的标志有( )。
   A. 产品已经发出　　　　　　B. 劳务已经提供
   C. 货款已经收到　　　　　　D. 取得了索取价款的凭据
   E. 上述全不对

6. "税金及附加"账户借方登记的内容有( )。
   A. 增值税　　　　B. 消费税　　　　C. 城建税
   D. 营业税　　　　E. 所得税

7. 下列项目应在"管理费用"中列支的有( )。
   A. 工会经费　　　　　　　　B. 劳动保险费
   C. 业务招待费　　　　　　　D. 车间管理人员的工资
   E. 业务人员差旅费

8. 企业实现的净利润应进行下列分配( )。
   A. 计算缴纳所得税　　　　　B. 弥补以前年度亏损
   C. 提取法定盈余公积金　　　D. 提取任意盈余公积
   E. 向投资人分配利润

9. 企业的资本金按其投资主体不同可以分为( )。
   A. 货币投资　　　B. 国家投资　　　C. 个人投资
   D. 法人投资　　　E. 外商投资

10. 下列各项内容中,属于所有者权益项目的有( )。
    A. 所有者投入的资本　　　　B. 直接计入所有者权益的利得和损失
    C. 盈余公积　　　　　　　　D. 未分配利润

11. 为了具体核算企业利润分配及未分配利润情况,"利润分配"账户应设置的明细账户有( )。
    A. 应交所得税　　B. 提取资本公积金　　C. 应付利润
    D. 提取盈余公积　E. 未分配利润

12. 关于"本年利润"账户,下列说法正确的有( )。
    A. 借方登记期末转入的各项支出　　B. 贷方登记期末转入的各项收入
    C. 贷方余额为实现的净利润额　　　D. 借方余额为发生的亏损额
    E. 年末经结转后该账户没有余额

13. 为适应权责发生制原则要求而专门设立的账户有( )。
    A. 银行存款　　　B. 固定资产　　　C. 待摊费用
    D. 长期投资　　　E. 预提费用

14. 按权责发生制原则要求,下列应作为本期费用的是(　　)。
    A. 预付明年保险费　　　　　　　B. 摊销以前付款的报刊费
    C. 尚未付款的本月借款利息　　　D. 采购员报销差旅费
    E. 支付本季度借款利息

15. 下列账户中,月末一般应该没有余额的是(　　)。
    A. 生产成本　　　B. 制造费用　　　C. 管理费用
    D. 应付福利费　　E. 财务费用

16. 关于实收资本,下列说法正确的有(　　)。
    A. 是企业实际收到投资人投入的资本
    B. 是企业进行正常经营的条件
    C. 是企业向外投出的资产
    D. 应按照实际投资数额入账
    E. 在生产经营中取得的收益不得直接增加实收资本

17. 与主营业务收入相配比的成本、费用包括(　　)。
    A. 主营业务成本　　B. 销售费用　　　C. 税金及附加
    D. 管理费用　　　　E. 财务费用

18. 下列采购费用不计入材料采购成本,而是列作管理费用的有(　　)。
    A. 采购人员差旅费　　　　　　　B. 专设采购机构经费
    C. 市内采购材料的零星运杂费　　D. 运输途中的合理损耗
    E. 外地运杂费

19. 在材料采购业务核算时,与"原材料"账户的借方相对应的贷方账户一般有(　　)。
    A. 应付账款账户　　　　　　　　B. 应付票据账户
    C. 银行存款账户　　　　　　　　D. 预付账款账户
    E. 应交税费账户

20. 关于"制造费用"账户,下列说法正确的是(　　)。
    A. 借方登记实际发生的各项制造费用
    B. 贷方登记分配转入产品成本的制造费用
    C. 期末余额在借方,表示在产品的制造费用
    D. 期末结转"本年利润"账户后没有余额
    E. 期末一般没有余额

三、判断题

1. 企业为生产产品而购进材料时需要向供货方支付增值税额,称为进项税,计入所购商品成本。(　　)
2. 职工教育经费可在职工福利费中开支。(　　)
3. 提取盈余公积金和收到外商投入设备的业务都会引起资产和所有者权益同时增加。(　　)
4. 原材料的采购成本包括:买价、采购费用、采购人员差旅费和市内材料运杂费等。(　　)
5. 主营业务收入实现的标志是与所售商品所有权相关的主要风险和报酬已经转移。(　　)

6. "税金及附加"是企业的费用类账户,它用来反映企业应交税金的增加数。(   )
7. "管理费用"是用来核算生产和非生产管理部门发生的工资、福利费、折旧费等的账户。(   )
8. 企业的应纳税所得额＝净利润＋按税法规定予以调整的项目。(   )
9. 企业产生的利得或损失可能计入当期损益,也可能直接计入所有者权益。(   )
10. 年度终了,除"未分配利润"明细账户外,"利润分配"账户下的其他明细账户应当没有余额。(   )

第七章 会计报表

内容提要

编制会计报表是会计核算的一种重要的专门方法。本章介绍了会计报表的概念、作用、种类和编制要求；着重说明了资产负债表的概念、作用、理论依据、基本结构与内容、编制方法；资产负债表具体项目的填列及实际中的运用；利润表的概念作用、理论依据、基本结构与内容、具体填列方法等。

学习目标与要求

通过学习，了解会计报表的概念、作用、种类、编制要求、编制前的准备工作；掌握资产负债表和利润表的含义、作用、理论依据、结构与内容、编制方法。

第一节 会计报表概述

一、会计报表的定义及作用

会计报表是以日常核算资料为依据，根据会计账户记录，总括反映企业某一特定日期的财务状况和某一会计期间的经营成果及现金流量的书面文件。会计报表是会计核算的最终产品，它是从会计凭证到会计账户再到会计报表这一会计处理程序的最终环节。

在日常会计核算中，根据经济业务的发生填制会计凭证，再将会计凭证上记录的经济业务连续、分类地登记在会计账簿中，如现金收付要记在现金日记账中，存货的收发要反映在各有关的总账及明细账中，销售业务要反映在有关销售总账及其明细账中，各项负债业务要分别反映在各有关负债类总账和明细账中等。这些登记在账簿中的记录，虽然比会计凭证反映的信息更加条理化、系统化，但其所能提供的仍然是分散的局部的会计信息，因而不能集中地揭示和反映该会计期间经营活动的全貌。如企业目前有多少资金，分别占用在哪些方面，具体来源如何，又是怎样运用的，企业的财务状况是好是坏，企业的利润是怎样构成的，和以前比、和计划比又有什么变化等，所有这些方面，日常的会计核算是难以提供的。所以，为了便于进一步发挥会计的职能作用，必须在一定时期（如1个月或1年）终了，把分散在各账簿上的资料经过整理、分类、计算和汇总，编制成能为会计信息使用者提供总括性信息资料的会计报表。

编制会计报表的目的是满足信息使用者对会计信息的需求。虽然他们对会计报表信息需求的侧重点不同,但他们都要了解企业的财务状况、经营业绩以及现金流量情况,以便做出科学合理的经济决策。概括起来,会计报表可以起到以下几个方面的作用:

(一) 会计报表提供的会计信息是企业加强和改善经营管理的重要依据

一方面,企业内部管理阶层通过会计报表,可以全面、系统、总括地了解企业的财务状况、经营成果和现金流量,检查和分析财务计划、成本计划和有关方针政策的执行情况,以及时地发现生产经营过程中存在的问题,并有针对性地采取措施,促进生产经营管理的加强与改善。会计报表还为企业管理层进行预测、决策和编制财务计划提供了重要的参考资料。另一方面,在现代企业中,企业生产经营的好坏、利润的多少、产品成本的高低以及资金的来源与运用,和广大职工有切身的利害关系。他们处于生产经营各环节的第一线,对企业的生产经营情况最了解,通过会计报表的汇报和会计分析的通报,广大职工可以对企业的生产经营进行监督,评价成绩,纠正错误,提高职工参与民主管理的积极性,增强职工对企业的责任感和凝聚力,从而有利于加强和改善经营管理。

(二) 会计报表提供的信息是投资者和债权人进行决策的依据

投资者和债权人不直接参与企业的生产经营活动,因而不能直接获取所需的信息。对投资者而言,只有通过会计报表的分析来了解其投资的完整性、投资报酬率、财务状况的变化以及企业的获利能力和利润分配政策,才能做出正确的投资决策。同时,还可委托审计机构对其会计报表进行鉴证,从而保护投资者的合法权益。对债权人而言,通过对会计报表的阅读和分析,可以了解企业的偿债能力及对债权人债权的保障程度等,从而做出正确的信贷与赊销决策。

(三) 会计报表提供的信息是国家经济管理部门进行宏观调控和管理的依据

对企业主管部门或企业集团而言,通过所属企业提供的会计报表,可以了解和分析所属各企业财务状况、经营业绩,以及财务状况的变动情况;主管部门或有关行政管理部门,通过由个别会计报表汇总而成的汇总会计报表,可以了解整个行业或整个部门所属企业的经营情况;企业集团通过依据个别会计报表编制的合并会计报表,可以了解整个企业集团的财务状况和经营成果,从而做出整个企业集团的经济决策;汇总会计报表也是国家综合部门制订计划,决定政策,进行国民经济综合平衡的重要依据。此外,税务部门通过会计报表可以了解企业对国家税收法规制度的执行情况;国家财政部门利用会计报表提供的信息,监督检查企业对财务法规制度的执行情况、财务纪律的遵守情况、资金的使用情况等。

二、会计报表的种类

会计报表是一个完整的报告体系,它由各种不同的会计报表组成。不同性质的会计主体,由于会计核算的内容和经济管理的要求不尽相同,所以其会计报表的种类也不尽相同。

为了全面了解会计报表体系的构成，正确掌握会计报表的编制方法，应按照不同的标准对会计报表进行分类。现以企业会计报表为例，说明会计报表的分类方法。

（一）按其反映的经济内容分类

会计报表按其反映的经济内容，可分为财务报表和费用成本报表。财务报表是总括反映企业财务状况、经营成果和现金流量情况的报表，如资产负债表、利润表、现金流量表、所有者权益变动表及其有关附表等。费用成本报表是总括反映企业经营过程中费用和成本情况的报表，如制造费用明细表、产品生产成本表、主要产品单位成本表、期间费用明细表等。

（二）按其编报时间分类

会计报表按其编报时间，可分为中期报表和年度报表。中期报表是指以中期为基础编制的会计报表。所谓"中期"，是指短于一个完整的会计年度的报告期间，包括月度、季度和半年度。相应地，中期报表包括月度报表（月报）、季度报表（季报）和半年度报表（半年报）。其编制内容较少，通常只包括最主要的会计报表，如资产负债表、利润表、现金流量表等。年度报表（年报），是指以一个完整的会计年度为基础编制的会计报表。其编制内容最齐全，除包括资产负债表、利润表和现金流量表三张报表之外，还包括所有者权益变动表和相关附表。此外，半年度、年度会计报表至少应当反映两个年度或者两个相关期间的比较数据。为了便于报表使用者更全面、深入地了解企业的经济活动情况，企业在编制年度会计报表时，还应编写"财务情况说明书"。它是对会计报表内容的补充说明，是财务会计报告的重要组成部分。财务情况说明书主要说明的内容包括以下几个方面：① 企业生产经营的基本情况；② 利润实现和分配情况；③ 资金增减和周转情况；④ 对企业财务状况、经营成果和现金流量有重大影响的其他事项。

（三）按其反映的会计对象状态分类

会计报表按其反映的会计对象状态，可分为静态报表和动态报表。静态报表是反映会计对象在某一特定日期（月末、季末、年末）的相对静止状态的报表，如资产负债表等。动态报表是反映会计对象在一定期间的动态过程的报表，如利润表、现金流量表、所有者权益变动表、费用成本报表等。

（四）按其编报主体（单位）分类

会计报表按其编报主体（单位），可分为单位报表、汇总报表和合并报表。单位报表也称个别报表，是由独立核算的基层单位编制的，用以反映基层单位的财务状况、经营成果和现金流量情况的会计报表。汇总报表是由上级主管部门根据所属基层单位的会计报表和汇总单位本身的会计报表整理汇总，通常按照隶属关系采取逐级汇总的办法来编制的，用以反映某个部门或地区的综合经济情况的会计报表。

合并报表是指由企业集团中的母公司，根据母公司和子公司的个别报表，通过合并编制的报表，旨在反映企业集团整体的财务状况、经营成果和现金流量情况。母公司是指有一个或一个以上子公司的企业。子公司是指被母公司控制的企业。在企业对外投资占被投资企业资本总额半数以上,或者实质上拥有被投资企业控制权的情况下,应将投资企业(母公司)和被投资企业(子公司)作为一个新整体编制合并报表,以反映这一整体的财务状况、经营成果和现金流量情况,如合并资产负债表、合并利润表和合并现金流量表等。

（五）按其报送对象分类

会计报表按其报送对象,可分为对外报表和对内报表。对外报表也称外部报表,是指向企业外部会计信息使用者报送的会计报表,亦即财务报表。对外报表必须满足外部使用者的要求,其种类、格式、内容、编报日期等由国家统一规定,一般包括资产负债表、利润表、现金流量表、所有者权益变动表及其有关附表等。为了使报表阅读者正确理解报表内容,不致产生误解或偏见,对某些重要资料可以利用报表附注加以说明。报表附注是对在会计报表中列示项目的文字描述或明细资料,以及对未能在报表中列示项目的说明等。例如,会计报表的编制基础,遵循企业会计准则的声明,重要会计政策的说明,重要会计估计的说明等。

对内报表也称内部报表,是指不向外报送,只供企业内部管理使用的会计报表,亦即费用成本报表。对内报表的种类、格式、内容、编报日期等国家不做统一规定,由企业根据内部管理的需要自行规定,一般包括"制造费用明细表""产品生产成本表""主要产品单位成本表""期间费用明细表"等。

三、会计报表的编制要求

为了充分发挥会计报表的作用,保证会计报表的质量,企业编制的会计报表应做到可理解性、真实可靠性、相关可比性、完整性和及时性。

（一）可理解性

可理解性,是指会计报表所提供的会计信息能为其使用者所理解,以便会计报表的使用者进行经济决策,因此编制的报表应清晰易懂。否则,会计报表晦涩难懂,会妨碍使用者做出正确的判断,甚至会判断失误,不能发挥会计报表应有的作用。

（二）真实可靠性

真实可靠性,要求编制会计报表时,必须以核实后的账簿记录为依据,不得以估计数字填列会计报表,更不得弄虚作假,篡改伪造数字,以保证所提供的会计信息真实可靠。如果会计报表提供了虚假的会计信息资料,则会导致报表的使用者对企业财务状况做出错误的结论,从而做出错误的经济决策。

（三）相关可比性

相关性,要求会计报表报送的信息必须满足宏观经济的管理要求,满足有关方面了解企业财务状况和经营成果的需要,满足企业加强内部经营管理的需要。可比性,要求企业在编制会计报表时,应当按照国家统一规定的会计指标编报,同时坚持一贯性以使不同企业、同一企业的不同时期的会计信息相互可比。如果会计报表提供的信息资料能使使用者了解过去、现在或未来事项的影响及其变化趋势,并为使用者提供有关的可比信息,则可认为会计报表提供的会计信息具有相关可比性。

(四) 完整性

完整性,要求在不同会计期间报送的会计报表,必须编制齐全,不得缺表。对每一种会计报表本身所包含的项目内容、应填列的指标,无论是表内项目,还是附注资料都要填列齐全,不得漏编漏报。对于汇总会计报表,应按项目汇总,不得遗漏,以确保会计报表的完整性。

(五) 及时性

只有及时有效的会计信息才能满足使用者的需要,否则再真实完整的会计报表,也不会有太大的价值。因此,及时性要求会计报表按规定的期限及时编制和报送。我国规定会计报表的报出期限为:月度报表在月度终了后 6 天内报出,季度报表在季度终了后 15 天内报出,半年度报表在年度中期结束后 60 天内报出,年度报表在年度终了后 4 个月内报出。

四、会计报表编制前的准备工作

为了实现上述要求,各企业应加强日常会计核算,坚持会计核算的基本原则,如实反映企业财务状况和经营成果。因此,在编制会计报表之前要做好以下准备工作:

(1) 检查是否把当期的经济业务登记完毕,整理和调整会计分录。
(2) 账证、账账核对,保证账证相符、账账相符。
(3) 清查财产,进行账实核对,保证账实相符。
(4) 编制"工作底稿"(格式如表 7.1 所示),进行试算平衡。
(5) 结账,计算各账户的借方发生额和贷方发生额及其余额。

表 7.1 工作底稿

编制单位　　　　　　　　　　　　　　　　　　　　年　　月　　日

账户名称/会计科目	调整前的期末余额		调整		调整后的期末余额		利润表		资产负债表	
	借方	贷方	借方	贷方	借方	贷方	借方	贷方	借方	贷方

第二节 资产负债表

一、资产负债表的概念和作用

资产负债表是反映企业某一特定日期财务状况的会计报表。它是根据资产、负债和所有者权益之间的相互关系,按照一定的分类标准和顺序,把企业某一特定日期的资产、负债和所有者权益各项目予以适当排列,并对日常会计核算的数据进行加工整理编制而成的。它表明企业在资金循环相对静止的状态下所拥有或控制的经济资源、所承担的现有义务和所有者对净资产的要求权。具体而言,通过资产负债表,会计报表的使用者可以了解以下会计信息:

(1) 资产负债表反映企业的资产总额及其构成,通过该表可以了解企业所拥有的经济资源及其分布情况,据此进行企业生产经营能力和企业资产分布合理性的分析。

(2) 资产负债表反映企业的负债总额及其构成,通过该表可以了解企业所承担的现有义务,据此分析企业的财务实力、支付能力和偿债能力,从而分析其财务风险。

(3) 资产负债表反映企业的所有者权益总额及其构成,通过该表可以了解投资者在企业资产中所享有的权益,了解权益的结构情况。

(4) 通过前后期资产负债表的对比分析,可以了解企业资本结构的变化情况,据此分析企业财务状况的发展变化趋势。

二、建立资产负债表的理论依据

建立资产负债表的理论依据是"资产=负债+所有者权益"的平衡关系原理。这是因为:

(1) "资产=负债+所有者权益"会计等式包含的经济内容是形成资产负债表项目的依据。

(2) "资产=负债+所有者权益"会计等式的恒等关系是建立资产负债表左右数据平衡的依据。

(3) 资产负债表是"资产=负债+所有者权益"会计等式的具体化。

(4) "资产=负债+所有者权益"会计等式是资产负债表的高度概括。

三、资产负债表的结构与内容

一张完整的资产负债表应由"表首"和"表体"两个部分构成。表首列示表名、编制单位、编制日期和货币计量单位四个要素。表体列示资产、负债、所有者权益项目,可采用两种格式,即报告式资产负债表和账户式资产负债表。报告式资产负债表按资产、负债、所有者权益项目自上而下排列,其顺序依次是资产项目、负债项目、所有者权益项目。这种格式的优点在于便于编制多期的比较资产负债表,其缺陷是报表较长,不便于阅读,资产与权益的对应关系不直观。报告式资产负债表的一般格式如表7.2所示。

表7.2 报告式资产负债表

项　　　目	金　　　额
资产:	
流动资产	
……	
流动资产合计	
非流动资产	
……	
非流动资产合计	
资产合计	
负债:	
流动负债	
……	
流动负债合计	
非流动负债	
……	
非流动负债合计	
负债合计	
所有者权益	
实收资本	
资本公积	
盈余公积	
未分配利润	
所有者权益合计	

账户式资产负债表分为左右两方,左方列示资产项目,反映资产的分布及存在形态;右方列示负债和所有者权益项目,反映负债和所有者权益的内容及其构成;左右双方平衡相等。这种格式的优点在于资产与权益的对应关系直观形象,也便于对报表进行结构分析。其缺点是不便于编制多期的比较资产负债表。账户式资产负债表的一般格式如表7.3所示。

资产负债表的内容主要包括资产、负债和所有者权益三个静态会计要素。资产负债表中的所有项目,应当按照一定的标准进行归类,以适当的顺序加以排列。不管是报告式还是账户式,目前国际上流行的资产负债表项目的排列方法是:资产项目按其流动性的大小顺序排列,流动性大者列前,流动性小者列后,即按流动资产、非流动资产的顺序排列。负债项目按其偿还期限的长短顺序排列,偿还期限短者列前,偿还期限长者列后,即按流动负债、非流动负债的顺序排列。所有者权益项目按其永久性(稳定性)程度排列,永久性程度高者列前,永久性程度低者列后,即按"实收资本""资本公积""盈余公积""未分配利润"的顺序排列。

表 7.3 账户式资产负债表

资　　产	金额	负债及所有者权益	金额
流动资产:		流动负债:	
……		……	
		流动负债合计	
		非流动负债:	
		……	
流动资产合计			
非流动资产:			
		非流动负债合计	
……		负债合计	
		所有者权益:	
		实收资本	
		资本公积	
		盈余公积	
		未分配利润	
非流动资产合计		所有者权益合计	
资产总计		负债及所有者权益总计	

我国企业的资产负债表一般采用账户式,其排列方法也遵循上述原则。目前,我国企业资产负债表的具体格式如表 7.4 所示。

表 7.4 资产负债表

企业 01 表

编制单位:　　　　　　　　　年　月　日　　　　　　　　　单位:元

资　　产	期末余额	年初余额	负债和所有者权益 (或股东权益)	期末余额	年初余额
流动资产:			流动负债:		
货币资金	210 000		短期借款	94 000	
交易性金融资产	10 000		交易性金融负债	0	
衍生金融资产	0		衍生金融负债	0	
应收票据	14 000		应付票据	88 000	
应收账款	140 000		应付账款	200 000	
应收款项融资	0		预收款项	8 000	
预付款项	24 000		合同负债	0	

续表

资产	期末余额	年初余额	负债和所有者权益（或股东权益）	期末余额	年初余额
其他应收款	22 000		应付职工薪酬	54 000	
存货	280 000		应交税费	18 000	
合同资产	0		其他应付款	62 000	
持有待售资产	0		持有待售负债	0	
一年内到期的非流动资产	0		一年内到期的非流动负债	0	
其他流动资产	0		其他流动负债	0	
流动资产合计	700 000		流动负债合计	524 000	
非流动性资产：			非流动负债：		
债权投资	0		长期借款	200 000	
其他债权投资	0		应付债券	0	
长期应收款	0		其中：优先股		
长期股权投资	140 000		永续债		
其他权益工具投资	0		租赁负债	0	
其他非流动金融资产	0		长期应付款	0	
投资性房地产	56 000		预计负债	0	
固定资产	532 000		递延收益		
在建工程	48 000		递延所得税负债	0	
生产性生物资产	0		其他非流动负债	0	
油气资产	0		非流动负债合计	200 000	
使用权资产	0		负债合计	724 000	
无形资产	36 000		所有者权益（或股东权益）：		
开发支出	0		实收资本（或股本）	600 000	
商誉	0		其他权益工具	0	
长期待摊费用	0		其中：优先股		
递延所得税资产	0		永续债		
其他非流动资产	0		资本公积	35 600	
非流动资产合计	812 000		减：库存股		
			其他综合收益	0	
			专项储备	0	
			盈余公积	102 400	
			未分配利润	50 000	

续表

资产	期末余额	年初余额	负债和所有者权益（或股东权益）	期末余额	年初余额
			所有者权益（或股东权益）合计	788 000	
资产总计	1 512 000		负债和所有者权益（或股东权益）总计	1 512 000	

四、资产负债表的编制方法

资产负债表各项目均需填列"期末余额"和"年初余额"两栏。资产负债表的"年初余额"栏内的各项数字，应根据上年年末资产负债表的"期末余额"栏内所列数字填列。如果上年度资产负债表规定的各个项目的名称和内容与本年度不相一致，应按照本年度的规定对上年年末资产负债表各项目的名称和数字进行调整，填入"年初余额"栏内。

资产负债表的"期末余额"栏主要有以下几种填列方法：

（一）根据总账科目余额填列

如"短期借款""资本公积"等项目，根据"短期借款""资本公积"各总账科目的余额直接填列；有些项目则需根据几个总账科目的期末余额计算填列，如"货币资金"项目，需根据"库存现金""银行存款""其他货币资金"三个总账科目期末余额的合计数填列。

（二）根据明细账科目余额计算填列

如"应付账款"项目，需要根据"应付账款"和"预付账款"两个科目所属的相关明细科目的期末贷方余额计算填列；"预付款项"项目，需要根据"应付账款"科目和"预付账款"科目所属的相关明细科目的期末借方余额减去与"预付账款"有关的坏账准备贷方余额计算填列；"预收款项"项目，需要根据"应收账款"科目和"预收账款"科目所属相关明细科目的期末贷方金额合计填列；"应付职工薪酬"项目，需要根据"应付职工薪酬"科目的明细科目期末余额计算填列。

（三）根据总账科目和明细账科目余额分析计算填列

如"长期借款"项目，需要根据"长期借款"总账科目余额扣除"长期借款"科目所属的明细科目中将在一年内到期且企业不能自主地将清偿义务展期的长期借款后的金额计算填列。

（四）根据有关科目余额减去其备抵科目余额后的净额填列

如资产负债表中"应收票据""长期股权投资""在建工程"等项目，应当根据"应收票据""长期股权投资""在建工程"等科目的期末余额减去"坏账准备""长期股权投资减值准备""在建工程减值准备"等备抵科目余额后的净额填列。"固定资产"项目，应当根据"固定资产"科目的期末余额，减去"累计折旧""固定资产减值准备"等备抵科目的期末余额，以及"固定资产清理"科目期末余额后的净额填列；"无形资产"项目，应当根据"无形资产"科目的期末余额，减去"累计摊销""无形资产减值准备"等备抵科目余额后的净额填列。

（五）综合运用上述填列方法分析填列

如资产负债表中的"存货"项目，需要根据"原材料""库存商品""委托加工物资""周转材料""材料采购""在途物资""发出商品""材料成本差异"等总账科目期末余额的分析汇总数，减去"存货跌价准备"科目余额后的净额填列。

（六）资产负债表各项目填列方法及举例

（1）"货币资金"项目，反映企业库存现金、银行结算户存款、外埠存款、银行汇票存款、银行本票存款、信用卡存款、信用证保证金存款等的合计数。本项目应根据"库存现金""银行存款""其他货币资金"科目期末余额的合计数填列。

（2）"应收票据"项目，反映资产负债表日以摊余成本计量的，企业因销售商品、提供服务等收到的商业汇票，包括银行承兑汇票和商业承兑汇票。该项目应根据"应收票据"科目的期末余额，减去"坏账准备"科目中相关坏账准备期末余额后的金额分析填列。

（3）"应收账款"项目，反映资产负债表日以摊余成本计量的，企业因销售商品、提供服务等经营活动应收取的款项。该项目应根据"应收账款"和"预收账款"两个科目所属明细科目期末借方余额合计数，减去"坏账准备"科目中相关坏账准备期末余额后的金额分析填列。

（4）"预付款项"项目，反映企业按照购货合同规定预付给供应单位的款项等。本项目应根据"预付账款"和"应付账款"科目所属各明细科目的期末借方余额合计数，减去"坏账准备"科目中有关预付账款计提的坏账准备期末余额后的净额填列。如"预付账款"科目所属明细科目期末为贷方余额的，应在资产负债表"应付账款"项目内填列。

（5）"其他应收款"项目，反映企业除应收票据、应收账款、预付账款等经营活动以外的其他各种应收、暂付的款项。本项目应根据"应收利息""应收股利""其他应收款"科目的期末余额合计数，减去"坏账准备"科目中相关坏账准备期末余额后的金额填列。其中的"应收利息"仅反映相关金融工具已到期可收取但于资产负债表日尚未收到的利息。基于实际利率法计提的金融工具的利息应包含在相应金融工具的账面余额中。

（6）"存货"项目，反映企业期末在库、在途和在加工中的各种存货的可变现净值或成本（成本与可变现净值孰低）。存货包括各种材料、商品、在产品、半成品、包装物、低值易耗品、发出商品等。本项目应根据"材料采购""原材料""库存商品""周转材料""委托加工物资""发出商品""生产成本""受托代销商品"等科目的期末余额合计数，减去"受托代销商品款""存货跌价准备"科目期末余额后的净额填列。材料采用计划成本核算，以及库存商品采用计划成本核算或售价核算的企业，还应按加或减材料成本差异、商品进销差价后的金额填列。

（7）"固定资产"项目，反映资产负债表日企业固定资产的期末账面价值和企业尚未清理完毕的固定资产清理净损益。本项目应根据"固定资产"科目的期末余额，减去"累计折旧"和"固定资产减值准备"科目的期末余额后的金额，以及"固定资产清理"科目的期末余额填列。

(8)"无形资产"项目,反映企业持有的专利权、非专利技术、商标权、著作权、土地使用权等无形资产的成本减去累计摊销和减值准备后的净值。项目应根据"无形资产"科目的期末余额,减去"累计摊销"和"无形资产减值准备"科目期末余额后的净额填列。

(9)"短期借款"项目,反映企业向银行或其他金融机构等借入的期限在一年以下(含一年)的各种借款。本项目应根据"短期借款"科目的期末余额填列。

(10)"应付票据"项目,反映资产负债表日以摊余成本计量的、企业因购买材料、商品和接受服务等开出、承兑的商业汇票,包括银行承兑汇票和商业承兑汇票。本项目应根据"应付票据"科目的期末余额填列。

(11)"应付账款"项目,反映资产负债表日以摊余成本计量的、企业因购买材料、商品和接受服务等经营活动应支付的款项。本项目应根据"应付账款"和"预付账款"科目所属的相关明细科目的期末贷方余额合计数填列。

(12)"预收款项"项目,反映企业按照合同规定预收的款项。本项目应根据"预收账款"和"应收账款"科目所属各明细科目的期末贷方余额合计数填列。例如,"预收账款"科目所属明细科目期末为借方余额的,应在资产负债表"应收账款"项目内填列。

(13)"应付职工薪酬"项目,反映企业为获得职工提供的服务或解除劳动关系而给予的各种形式的报酬或补偿。本项目应根据"应付职工薪酬"科目所属各明细科目的期末贷方余额分析填列。

(14)"其他应付款"项目,反映企业除应付票据、应付账款、预收账款、应付职工薪酬、应交税费等经营活动以外的其他各项应付、暂收的款项。本项目应根据"应付利息""应付股利""其他应付款"科目的期末余额合计数填列。其中,"应付利息"科目仅反映相关金融工具已到期应支付但于资产负债表日尚未支付的利息。基于实际利率法计提的金融工具的利息应包含在相应金融工具的账面余额中。

(15)"长期借款"项目,反映企业向银行或其他金融机构借入的期限在一年以上(不含一年)的各项借款。本项目应根据"长期借款"科目的期末余额,扣除"长期借款"科目所属的明细科目中将在资产负债表日起一年内到期且企业不能自主地将清偿义务展期的长期借款后的金额计算填列。

(16)"实收资本(或股本)"项目,反映企业各投资者实际投入的资本(或股本)总额。本项目应根据"实收资本(或股本)"科目的期末余额填列。

(17)"资本公积"项目,反映企业收到投资者出资超出其在注册资本或股本中所占的份额以及直接计入所有者权益的利得和损失等。本项目应根据"资本公积"科目的期末余额填列。

(18)"盈余公积"项目,反映企业盈余公积的期末余额。本项目应根据"盈余公积"科目的期末余额填列。

(19)"未分配利润"项目,反映企业尚未分配的利润。本项目应根据"本年利润"科目和"利润分配"科目的余额计算填列。未弥补的亏损在本项目内以"-"号填列。

现举例说明资产负债表的编制方法。

【例 7-1】 假定长江公司××年12月31日有关账户期末余额如表7.5所示。

表 7.5 长江公司账户期末余额表

账户名称	借 方	账户名称	贷 方
库存现金	28 000	坏账准备	2 400
银行存款	182 000	固定资产减值准备	8 000
交易性金融资产	10 000	累计折旧	260 000
应收票据	14 000	短期借款	94 000
应收股利	14 000	应付票据	88 000
应收利息	4 000	应付账款	200 000
应收账款	142 400	预收账款	8 000
预付账款	24 000	应付职工薪酬	54 000
其他应收款	4 000	应付股利	48 000
原材料	140 000	应交税费	18 000
库存商品	66 000	应付利息	10 000
生产成本	74 000	其他应付款	4 000
长期股权投资	140 000	长期借款	200 000
投资性房产	56 000	实收资本	600 000
固定资产	800 000	资本公积	35 600
在建工程	48 000	盈余公积	102 400
无形资产	36 000	利润分配——未分配利润	50 000
合　　计	1 782 400	合　　计	1 782 400

根据表 7.5 的资料填表分析过程如下：

(1) "货币资金"项目，应根据"库存现金"和"银行存款"账户的期末余额之和填列，应为 28000 + 182000 = 210 000(元)。

(2) "应收账款"项目，应根据"应收账款"账户期末余额与"坏账准备"账户期末余额之差填列，应为 142400 - 2400 = 140 000(元)。

(3) "存货"项目，应根据"原材料""库存商品""生产成本"账户的期末余额之和填列，应为 140 000 + 66000 + 74000 = 280 000(元)。

(4) "固定资产"项目，应根据"固定资产"账户期末余额与"累计折旧""固定资产减值准备"账户期末余额之差填列，应为 800 000 - 260 000 - 8 000 = 532 000(元)。

(5) 其余各项目直接根据有关账户期末余额填列。

根据上述资料，编制的资产负债表如表 7.4 所示。

第三节 利 润 表

一、利润表的概念和作用

利润表又称损益表或收益表,是反映企业在一定会计期间的经营成果的会计报表。利润表是动态报表,反映的是时期数字,即一定时期的收入、费用和利润的数字。它把一定时期的营业收入与同一会计期间相关的费用相配比,计算出企业该期间的税后净利润。所以,通过利润表可以了解企业的收入、成本和费用等情况,据此分析考核企业经营目标及利润计划的执行结果,分析企业利润变动的原因。通过利润表提供的不同时期的比较数字,可以分析企业未来利润的发展趋势、获利能力以及判断投资者投入的资本是否保全。由于利润是企业经营业绩的综合体现,所以,利润表还是考核管理者管理业绩的依据,也是利润分配的依据。因此,利润表是企业会计报表中的主要报表。

二、建立利润表的理论依据

建立利润表的理论依据是"收入－费用＝利润"的等量关系。这是因为:
(1)"收入－费用＝利润"会计等式包含的经济内容是形成利润表项目的依据。
(2)"收入－费用＝利润"会计等式的等量关系是利润表计算损益的依据。
(3)利润表是"收入－费用＝利润"会计等式的具体化。
(4)"收入－费用＝利润"会计等式是利润表的高度概括。

三、利润表的基本结构和内容

一张完整的利润表应由"表首"和"表体"两个部分构成。表首列示表名、编制单位、编制时间和货币计量单位四个要素。表体列示利润表的具体项目,即收入、费用和利润,可采用两种格式,即单步式利润表和多步式利润表。

单步式利润表,是将当期所有的收入加在一起,所有的费用加在一起,两者相减,通过一步计算求出当期损益。单步式利润表简单明了,易于理解,避免了项目归类上的困难,编制方便。但其不能提供中间性的利润指标,不利于报表使用者分析企业的生产经营情况、利润的构成以及不同企业之间进行比较,更不利于预测企业未来的盈利能力。目前我国未采用这种格式,而是采用多步式利润表。

多步式利润表,是将同类的收入与费用排在一起,根据利润的构成内容,列示一些中间性的利润指标,采用上下加减的报告式结构,将利润的计算过程分为3个步骤:
(1)计算营业利润。即以"营业收入"为基础,减去"营业成本""税金及附加""销售费用""管理费用""财务费用""资产减值损失"等,加上"公允价值变动收益"和"投资收益"等,计算出营业利润,以反映企业营业利润的形成情况。

(2) 计算利润总额。即以营业利润为基础,加上"营业外收入",减去"营业外支出",计算出利润总额,以反映企业利润总额的形成情况。

(3) 计算净利润。即以利润总额为基础,减去"所得税费用",计算出净利润,以反映企业生产经营活动的最终财务成果的形成情况。

此外,在利润表中通过上述3个步骤计算出净利润后,还要计算列示"每股收益"指标,包括基本每股收益和稀释每股收益两个具体指标,以反映企业普通股股票的收益水平。

多步式利润表虽然计算上较单步式利润表繁琐,且不如单步式利润表直观,但多步式利润表把不同项目予以归类,可以揭示不同性质的收入与费用之间的联系,便于报表使用者分析净收益增减变动的原因,评价企业的管理效率,有利于同行业间报表的比较评价,预测企业未来的盈利能力。目前我国采用的利润表的一般格式如表7.6所示。

表7.6 利润表

编制单位:　　　　　　　年　月　　　　　　　　　　　　　　企业02表
单位:元

项目	本期金额	上期金额
一、营业收入	2 500 000	
减:营业成本	1 600 000	
税金及附加	80 000	
销售费用	90 000	
管理费用	110 000	
研发费用	0	
财务费用	120 000	
其中:利息费用		
利息收入		
加:其他收益	0	
投资收益(损失以"-"填列)	50 000	
其中:对联营企业和合营企业的投资收益		
公允价值变动收益(损失以"-"填列)	10 000	
资产减值损失(损失以"-"填列)	-20 000	
信用减值损失(损失以"-"填列)	0	
资产处置收益(损失以"-"填列)	0	
二、营业利润(亏损以"-"号填列)	540 000	
加:营业外收入	40 000	
减:营业外支出	50 000	
三、利润总额(亏损总额以"-"号填列)	530 000	
减:所得税费用	120 000	
四、净利润(净亏损以"-"号填列)	410 000	

续表

项　　目	本期金额	上期金额
（一）持续经营净利润（净亏损以"－"号填列）		
（二）终止经营净利润（净亏损以"－"号填列）		
五、其他综合收益的税后净额	（略）	
（一）不能重分类进损益的其他综合收益		
1. 重新计量设定受益计划变动额		
2. 权益法下不能转损益的其他综合收益		
……		
（二）将重分类进损益的其他综合收益		
1. 权益法下可转损益的其他综合收益		
2. 其他债权投资公允价值变动		
3. 金融资产重分类计入其他综合收益的金额		
4. 其他债权投资信用减值准备		
5. 现金流量套期储备		
……		
六、综合收益总额	410 000	
七、每股收益	（略）	
（一）基本每股收益		
（二）稀释每股收益		

四、利润表的编制方法

（一）利润表中的"本期金额"与"上期金额"

利润表各项目需填列"本期金额"和"上期金额"两栏。其中"上期金额"栏内各项数字，应根据上年该期利润表的"本期金额"栏内所列数字填列。"本期金额"栏内各期数字，除"基本每股收益"和"稀释每股收益"项目外，应当按照相关科目的发生额分析填列。如"营业收入"项目，根据"主营业务收入""其他业务收入"科目的发生额分析计算填列；"营业成本"项目，根据"主营业务成本""其他业务成本"科目的发生额分析计算填列。

（二）利润表各项目的填列方法及举例

利润表的"本期金额"栏的填列方法，一般应根据损益类科目和所有者权益类有关科目的发生额填列。

（1）"营业收入"项目，反映企业经营主要业务和其他业务所确认的收入总额。本项目应根据"主营业务收入"和"其他业务收入"科目的发生额分析填列。

(2)"营业成本"项目,反映企业经营主要业务和其他业务所发生的成本总额。本项目应根据"主营业务成本"和"其他业务成本"科目的发生额分析填列。

(3)"税金及附加"项目,反映企业经营业务应负担的消费税、城市维护建设税、教育费附加税、资源税、土地增值税、房产税、车船税、城镇土地使用税、印花税、环境保护税等相关税费。本项目应根据"税金及附加"科目的发生额分析填列。

(4)"销售费用"项目,反映企业在销售商品过程中发生的包装费、广告费等费用和为销售本企业商品而专设的销售机构的职工薪酬、业务费等经营费用。本项目应根据"销售费用"科目的发生额分析填列。

(5)"管理费用"项目,反映企业为组织和管理生产经营发生的管理费用。本项目应根据"管理费用"科目的发生额分析填列。

(6)"研发费用"项目,反映企业进行研究与开发过程中发生的费用化支出以及计入管理费用的自行开发无形资产的摊销。本项目应根据"管理费用"科目下的"研发费用"明细科目的发生额以及"管理费用"科目下"无形资产摊销"明细科目的发生额分析填列。

(7)"财务费用"项目,反映企业为筹集生产经营所需资金等而发生的应予费用化的利息支出。本项目应根据"财务费用"科目的相关明细科目发生额分析填列。其中:"利息费用"项目,反映企业为筹集生产经营所需资金等而发生的应予费用化的利息支出,本项目应根据"财务费用"科目的相关明细科目发生额分析填列。"利息收入"项目,反映企业应冲减财务费用的利息收入,本项目应根据"财务费用"科目的相关明细科目发生额分析填列。

(8)"其他收益"项目,反映计入其他收益的政府补助,以及其他与日常活动相关且计入其他收益的项目。本项目应根据"其他收益"科目的发生额分析填列。企业作为个人所得税的扣缴义务人,根据《中华人民共和国个人所得税法》收到的扣缴税款手续费,应作为其他与日常活动相关的收益在本项目中填列。

(9)"投资收益"项目,反映企业以各种方式对外投资所取得的收益。本项目应根据"投资收益"科目的发生额分析填列。如为投资损失,本项目以"-"号填列。

(10)"公允价值变动收益"项目,反映企业应当计入当期损益的资产或负债公允价值变动收益。本项目应根据"公允价值变动损益"科目的发生额分析填列,如为净损失,本项目以"-"号填列。

(11)"信用减值损失"项目,反映企业按照《企业会计准则第 22 号——金融工具确认和计量》(2018)的要求计提的各项金融工具信用减值准备所确认的信用损失。本项目应根据"信用减值损失"科目的发生额分析填列。

(12)"资产减值损失"项目,反映企业有关资产发生的减值损失。本项目应根据"资产减值损失"科目的发生额分析填列。

(13)"资产处置收益"项目,反映企业出售划分为持有待售的非流动资产(金融工具、长期股权投资和投资性房地产除外)或处置组(子公司和业务除外)时确认的处置利得或损失,以及处置未划分为持有待售的固定资产、在建工程、生产性生物资产及无形资产而产生的处置利得或损失。本项目应根据"资产处置损益"科目的发生额分析填列。如为处置损失,本项目以"-"号填列。

(14)"营业利润"项目,反映企业实现的营业利润。如为亏损,本项目以"-"号填列。

(15)"营业外收入"项目,反映企业发生的除营业利润以外的收益,主要包括非流动资产毁损报废收益、与企业日常活动无关的政府补助、盘盈利得、捐赠利得(企业接受股东或股东的子公司直接或间接的捐赠,经济实质属于股东对企业的资本性投入的除外)等。本项目应根据"营业外收入"科目的发生额分析填列。

(16)"营业外支出"项目,反映企业发生的除营业利润以外的支出,主要包括公益性捐赠支出、非常损失、盘亏损失、非流动资产毁损报废损失等。本项目应根据"营业外支出"科目的发生额分析填列。

(17)"利润总额"项目,反映企业实现的利润。如为亏损,本项目以"-"号填列。

(18)"所得税费用"项目,反映企业应从当期利润总额中扣除的所得税费用。本项目应根据"所得税费用"科目的发生额分析填列。

(19)"净利润"项目,反映企业实现的净利润。如为亏损,本项目以"-"号填列。

现举例说明利润表的编制方法。

【例 7-2】 假定长江公司××年12月份有关账户的发生额如表7.7所示。

表7.7 长江公司账户发生额

(单位:元)

账户名称	发生额	账户名称	发生额
主营业务收入	2 000 000	税金及附加	80 000
其他业务收入	500 000	销售费用	90 000
投资收益	50 000	管理费用	110 000
营业外收入	40 000	财务费用	120 000
公允价值变动收益	10 000	资产减值损失	20 000
主营业务成本	1 200 000	营业外支出	50 000
其他业务成本	400 000	所得税费用	120 000

根据表7.7的资料填表,分析过程如下:

(1)"营业收入"项目,应根据"主营业务收入"和"其他业务收入"账户的发生额之和填列,应为 2 000 000+500 000=2 500 000 元。

(2)"营业成本"项目,应根据"主营业务成本"和"其他业务成本"账户的发生额之和填列,应为 1 200 000+400 000=1 600 000 元。

(3)其余各项目直接根据有关账户的发生额填列。

根据上述资料,编制的利润表如表7.6所示。

课 后 习 题

思考题

1. 简述会计报表的作用、种类与编制要求。
2. 简述资产负债表的作用、理论依据、结构与内容及编制方法。
3. 简述利润表的作用、理论依据、结构与内容及编制方法。

练习题

一、单项选择题

1. 会计报表编制的根据是（　　）。
   A. 原始凭证　　　B. 记账凭证　　　C. 科目汇总表　　　D. 账簿记录
2. 依照我国的会计准则，资产负债表采用的格式为（　　）。
   A. 单步报告式　　B. 多步报告式　　C. 账户式　　　　D. 混合式
3. 依照我国的会计准则，利润表所采用的格式为（　　）。
   A. 单步报告式　　B. 多步报告式　　C. 账户式　　　　D. 混合式
4. 资产负债表是反映企业财务状况的会计报表，它的时间特征是（　　）。
   A. 某一特定日期　B. 一定时期内　　C. 某一年份内　　D. 某一月份内
5. 在下列各个会计报表中，属于反映企业对外的静态报表的是（　　）。
   A. 利润表　　　　B. 利润分配表　　C. 现金流量表　　D. 资产负债表
6. "应收账款"科目所属明细科目如有贷方余额，应在资产负债表（　　）项目中反映。
   A. 预付账款　　　B. 预收账款　　　C. 应收账款　　　D. 应付账款
7. 以"资产＝负债＋所有者权益"这一会计等式作为编制依据的会计报表是（　　）。
   A. 利润表　　　　B. 利润分配表　　C. 资产负债表　　D. 现金流量表
8. 以"收入－费用＝利润"这一会计等式作为编制依据的会计报表是（　　）。
   A. 利润表　　　　B. 利润分配表　　C. 资产负债表　　D. 现金流量表
9. 在编制资产负债表时，资产类备抵调整账户应列示在（　　）。
   A. 权益方　　　　B. 资产方　　　　C. 借方　　　　　D. 贷方
10. 某企业"应付账款"明细账期末余额情况如下：W企业贷方余额为200 000元，Y企业借方余额为180 000元，Z企业贷方余额为300 000元。假如该企业"预付账款"明细账均为借方余额，则根据以上数据计算的反映在资产负债表上应付账款项目的数额为（　　）元。
    A. 680 000　　　B. 320 000　　　C. 500 000　　　D. 80 000
11. 在利润表中，对主营业务要求详细列示其收入、成本费用，而对其他业务只列示其利润，这一做法体现了（　　）。
    A. 真实性原则　　　　　　　　　　B. 配比原则
    C. 权责发生制原则　　　　　　　　D. 重要性原则
12. 填列资产负债表"期末数"栏各个项目时，下列说法正确的是（　　）。
    A. 主要是根据有关账户的期末余额记录填列
    B. 主要是根据有关账户的本期发生额记录填列
    C. 大多数项目根据有关账户的期末余额记录填列，少数项目则根据有关账户的本期发生额记录填列
    D. 少数项目根据有关账户的期末余额记录填列，大多数项目则根据有关账户的本期发生额记录填列
13. 不能通过资产负债表了解的会计信息是（　　）。
    A. 企业固定资产的新旧程度
    B. 企业资金的来源渠道和构成

C. 企业所掌握的经济资源及其分布情况

D. 企业在一定期间内现金的流入和流出的信息及其现金增减变动的原因

14. 按照会计报表反映的经济内容分类,资产负债表属于( )。

A. 财务状况报表　B. 经营成果表　C. 对外报表　D. 月报

15. 资产负债表的下列项目中,需要根据几个总账账户的期末余额进行汇总填列的是( )。

A. 短期投资　　B. 短期借款　　C. 货币资金　　D. 累计折旧

16. 企业年度会计报表的保管期限为( )。

A. 5年　　　　B. 15年　　　　C. 25年　　　　D. 永久保管

17. 资产负债表中的"存货"项目,应根据( )。

A. "存货"账户的期末借方余额直接填列

B. "原材料"账户的期末借方余额直接填列

C. "原材料""生产成本""库存商品"等账户的期末借方余额之和,减去"存货跌价准备"科目期末余额后的余额填列

D. "原材料""在产品""库存商品"等账户的期末借方余额之和填列

二、多项选择题

1. 对账工作的内容主要包括( )。

A. 账证核对　　B. 账账核对　　C. 账实核对

D. 账表核对　　E. 表表核对

2. 在利润表中,一般应列入"税金及附加"项目中的税金有( )。

A. 增值税　　　B. 消费税　　　C. 城市维护建设税

D. 资源税　　　E. 教育费附加

3. 利润表提供的信息包括( )。

A. 实现的主营业务收入　　B. 发生的主营业务支出

C. 其他业务收支　　　　　D. 利润或亏损总额

E. 企业的财务状况

4. 企业的下列报表中,属于对外的会计报表的有( )。

A. 资产负债表　B. 利润表　　C. 利润分配表

D. 制造成本表　E. 现金流量表

5. 下列各项目中,属于资产负债表中的流动资产项目的有( )。

A. 货币资金　　B. 预付款项　　C. 应收账款

D. 长期待摊费用　E. 预收款项

6. 下列报表中,反映企业财务状况及其现金流量变动情况的报表是( )。

A. 资产负债表　B. 利润表　　C. 利润分配表

D. 主营业务收支明细表　E. 现金流量表

7. 按照会计报表所反映的经济内容不同,可分为( )。

A. 反映财务状况的报表　　B. 反映财务成果的报表

C. 个别会计报表　　　　　D. 合并会计报表

E. 反映费用成本的报表

8. 会计报表的使用者包括(　　)。
   A. 债权人　　　　　　　　B. 企业内部管理层
   C. 投资者　　　　　　　　D. 潜在的投资者
   E. 国家政府部门

9. 资产负债表的"存货"项目应根据下列总账科目的合计数填列的有(　　)。
   A. 发出商品　　　B. 自制半成品　　　C. 在建工程
   D. 低值易耗品　　E. 分期收款发出商品

10. 在编制资产负债表中,应根据总账科目的期末借方余额直接填列的项目有(　　)。
    A. 固定资产　　　B. 应收票据　　　C. 坏账准备
    D. 累计折旧　　　E. 短期借款

三、判断题

1. 会计报表是综合反映企业资产、负债和所有者权益的情况及一定时期的经营成果和现金流量的书面文件。(　　)

2. 会计报表按其反映的内容,可以分为动态会计报表和静态会计报表。资产负债表是反映在某一特定时期内企业财务状况的会计报表,属于静态会计报表。(　　)

3. 会计报表按照编制单位不同,可以分为个别会计报表和合并会计报表。(　　)

4. 利润分配表是反映企业在一定期间内对实现利润的分配或亏损弥补情况的会计报表,利润表是其附表。(　　)

5. 目前国际上比较普遍的利润表的格式主要有多步式损益表和单步式损益表两种。为简便明晰起见,我国企业采用的是单步式损益表格式。(　　)

6. 资产负债表的"期末数"栏各项目主要是根据总账或有关明细账本期发生额直接填列的。(　　)

7. 资产负债表中"货币资金"项目,应主要根据"银行存款"各种结算账户的期末余额填列。(　　)

8. 资产负债表中"应收账款"项目,应根据"应收账款"账户所属各明细账户的期末借方余额合计填列。如"预付账款"账户所属有关明细账户有借方余额的,也应包括在本项目内。如"应收账款"账户所属明细账户有贷方余额,应包括在"预付账款"项目内填列。(　　)

9. 利润表中"主营业务成本"项目,反映企业销售产品和提供劳务等主要经营业务的各项销售费用和实际成本。(　　)

第八章　账务处理程序

内 容 提 要

本章在研究会计凭证和账簿的基础上阐述各种凭证和各种账簿的合理结合及使用方式。通过学习，了解会计核算形式的种类；熟悉各种会计核算形式的特点、工作流程、优缺点及其适用范围；掌握各种会计核算形式的异同，以便进一步了解各种会计核算形式的基本原理和账务处理程序。

学习目标与要求

通过本章学习，使学生了解账务处理程序的含义、建立合理的账务处理程序的要求，熟知会计核算形式的基本内容，掌握记账凭证账务处理程序和科目汇总表账务处理程序的相关内容。

第一节　账务处理程序概述

在会计工作中，除了要进行会计凭证的填制、账簿的设置和登记，以及会计报表的编制，还必须明确会计凭证、账簿和会计报表之间的关系，使会计构成一个有机的整体。而凭证、账簿和报表之间一定的组织形式，就形成不同的账务处理程序。

一、账务处理程序的概念及意义

（一）账务处理程序的概念

账务处理程序，也称会计核算组织程序或会计核算形式，是指在会计循环中，会计主体采用的会计凭证、会计账簿、会计报表和账务处理程序相互结合的方式。不同的账务处理程序，规定了填制会计凭证、登记账簿、编制会计报表的不同步骤和方法。

1. 会计循环

会计循环是指一个会计主体在一定的会计期间内，从交易或事项发生取得或填制会计凭证起，到登记账簿、编制会计报表止的一系列处理程序。之所以称为循环，是因为上述程序是按照会计期间，周而复始地进行会计信息的处理。

一个完整的会计循环过程可概括为（图8.1）：

（1）根据原始凭证填制记账凭证，并采用复式记账法为经济业务编制会计分录。

(2) 根据审核无误的记账凭证登记相关账户,包括日记账、明细分类账和总分类账。

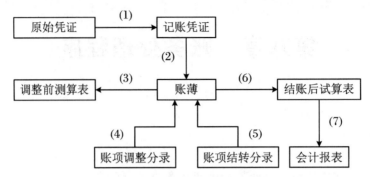

图 8.1　会计循环过程示意图

(3) 根据分类账户的记录编制结账(调整)前试算表。
(4) 期末,按照权责发生制的要求编制调整分录并予以过账。
(5) 编制结账分录并登记入账,结清损益类账户(月末或年末)和利润账户(年末)。
(6) 根据全部账户数据资料编制结账后试算表。
(7) 根据账户的数据资料编制会计报表,包括资产负债表和利润表等。

2. 记账程序

记账程序是指企业在会计循环中,利用不同种类和格式的会计凭证、会计账簿和会计报表对发生的经济业务进行记录和反映的具体过程。

在实务工作中,会计凭证、会计账簿和会计报表种类繁多,格式也不相同。一个特定的会计主体应当根据自身经济管理的特点、经济活动的性质、企业规模大小、经济业务的多少以及会计机构和人员配置等情况,选择恰当种类和格式的会计凭证、会计账簿和会计报表,有效地记录和反映发生的经济业务。这就决定了不同的会计主体所采用的会计凭证、会计账簿和会计报表种类及格式也有所不同。所以,即使是对相同的经济事项进行账务处理,由于所采用的会计凭证、会计账簿和会计报表的种类和格式的不同,会使得不同会计主体采用的记账程序也不同,进而形成各不相同的账簿处理程序。其中最主要的差别是在于对总账分类账户进行登记的方法不同。

(二) 设计账务处理程序的意义

1. 有利于规范会计核算组织工作

会计核算工作是需要会计部门和会计人员之间的密切配合的有机系统,建立科学合理的会计核算组织程序,形成了规范的会计核算工作秩序,会计机构和会计人员在进行会计核算的过程中就能够做到有序可循,按照不同的责任分工,有条不紊地处理好各个环节上的会计核算工作内容。

2. 有利于保证会计核算工作质量

在进行会计核算的过程中,保证会计核算工作的质量是对会计工作的基本要求。建立起科学合理的会计核算组织程序,形成加工和整理会计信息的正常机制,是提高会计核算工作质量的重要保障。

3. 有利于提高会计核算工作效率

会计核算工作效率的高低,直接关系到提供会计信息上的及时性和相关性。按照既定的会计核算组织程序进行会计信息的处理,将会大大提高会计核算工作效率,保证会计信息整理、加工和对外报告的顺利进行,满足会计信息质量的及时性要求。

4. 有利于发挥会计核算工作的作用

会计核算工作的重要作用是对企业发生的交易和事项进行记录,并保证记录的正确性、完整性和合理性,这种作用是通过会计核算和监督职能的发挥而体现出来的。在建立规范会计核算组织程序的基础上,保证了会计核算工作质量,提高了会计核算工作效率,就能够在经营管理等方面更好地发挥会计核算工作的作用。

二、设计账务处理程序的原则

一是要充分考虑会计主体的实际情况,主要是其经济活动性质、规模的大小和业务的繁简等因素,选择适合本单位会计核算工作的账务处理程序。

二是要在保证会计核算资料正确、及时和完整的前提条件下,尽可能地简化会计账务处理程序手续,提高会计工作效率,节约人力物力,节约核算费用。

三是要保证会计人员分工合理,职责明确,不同会计核算环节之间责任清晰、相互牵制,便于建立岗位责任制。

三、账务处理程序的种类

我国各经济单位采用的常见的会计账务处理程序一般有以下3种:
(1) 记账凭证账务处理程序。
(2) 科目汇总表账务处理程序。
(3) 汇总记账凭证账务处理程序。

记账凭证账务处理程序是最基本的账务处理程序,是其他账务处理程序的基础。这些账务处理程序都遵循"凭证—账簿—财务报表"的基本程序,其主要区别在于登记总分类账的依据和方法不同。

第二节 记账凭证账务处理程序

一、记账凭证账务处理程序的基本内容

(一) 记账凭证账务处理程序的定义

记账凭证账务处理程序是根据原始凭证填制记账凭证,记账凭证直接逐笔登记总分类账,并定期编制会计报表的一种账务处理程序。

（二）记账凭证账务处理程序的基本步骤

（1）根据原始凭证填制汇总原始凭证。

（2）根据原始凭证或汇总原始凭证，填制收款凭证、付款凭证和转账凭证，也可以填制通用记账凭证。

（3）根据收款凭证和付款凭证逐笔登记库存现金日记账和银行存款日记账。

（4）根据原始凭证或原始凭证汇总表和记账凭证，逐笔登记各种明细分类账。

（5）根据记账凭证逐笔登记总分类账。

（6）期末，将库存现金日记账、银行存款日记账和各明细分类账的余额合计数，分别与有关总分类账中有关账户的余额进行核对。

（7）期末，根据核对无误的总分类账和明细分类账的记录，编制财务报表。

记账凭证账务处理程序步骤如图8.2所示。

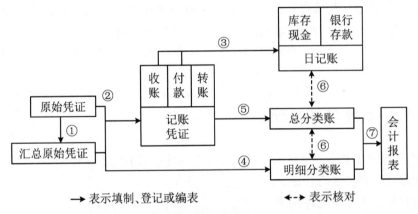

图8.2 记账凭证账务处理程序步骤示意图

二、记账凭证账务处理程序的优缺点及适用范围

（一）主要优点

一是会计凭证和账簿格式及账务处理程序简单明了，易于理解和运用；二是由于总分类账是直接根据各种记账凭证逐笔登记的，因此总分类账能比较详细和具体地反映各项经济业务，便于查账。

（二）主要缺点

由于要根据记账凭证逐笔登记总分类账，故填制记账凭证及登记总分类账的工作量大。

（三）适用范围

记账凭证账务处理程序一般适用于规模较小、业务量较少及记账凭证数量不多的企业。如果业务量过小，也可以使用通用记账凭证，以避免因凭证种类的多样化而造成凭证购买上的过多支出。

三、记账凭证账务处理程序的应用

【例 8-1】 某有限责任公司 20××年 8 月 10 日领用原材料甲 500 千克,单价 10 元/千克,用于 A 产品生产。根据记账凭证处理程序的步骤:

(1) 根据原始凭证编制转账凭证见表 8.1。

表 8.1 转账凭证

转 账 凭 证

20××年 8 月 10 日　　　　　　　　　　　　　　　　　转字第 001 号

摘要	总账科目	明细科目	借方金额								贷方金额								记账
			百	十	万	千	百	十	元	角	分	百	十	万	千	百	十	元	角	分	
领用材料	生产成本	A 产品				5	0	0	0	0	0										√
	原材料	甲材料													5	0	0	0	0	0	√
合		计	¥			5	0	0	0	0	0	¥			5	0	0	0	0	0	

财务主管　　　　记账　　　　出纳　　　　　　审核　　　　　　制单

(2) 根据记账凭证逐笔登记生产成本日记账(表 8.2)和原材料明细账(表 8.3)。

表 8.2 生产成本明细账

产品:A 产品　　　　　　　　　　　　　　　　　　　　　　　单位:元　第×页

年		凭证		摘要	成本项目			合计
月	日	字	号		直接材料	直接人工	制造费用	
8	1			期初	500	260	310	1 070
	10				5 000			5 000

表 8.3 原材料明细账

类别:甲材料　　　　　　　　　　　　　　　　　　　　编号:
类别或规格:　　　　　　　　　　　　　　　　　　　　存放地点:
储备定额:　　　　　　　　　　　　　　　　　　　　　计量单位:千克

20××年		凭证		摘要	收入			发出			结存		
月	日	字	号		数量	单价	金额	数量	单价	金额	数量	单价	金额
8	1			承前页							250	10	2 500
	5	付	1	购入	1 000	10	10 000				1 250	10	12 500
	10	转	1	领用				500	10	5 000	750	10	7 500

(3) 根据记账凭证逐笔登记总分类账。此业务涉及生产成本总分类账(表 8.4)和原材料总分类账(表 8.5)。

表 8.4　总分类账

会计科目:生产成本　　　　　　　　　　　　　　　　　　　单位:元　第×页

20××年		凭证		摘要	借方	贷方	借或贷	余额
月	日	字	号					
8	1			承前页			借	1 070
	10	转	4	材料费用	5 000		借	6 070
				本期发生额即期末余额合计				

表 8.5　总分类账

会计科目:原材料　　　　　　　　　　　　　　　　　　　　单位:元　第×页

20××年		凭证		摘要	借方	贷方	借或贷	余额
月	日	字	号					
8	1			承前页			借	2 500
	5	付	1	购进材料	10 000		借	12 500
	10	转	4	生产领用		5 000	借	7 500
				本期发生额合计及期末余额				

(4) 月末,将现金日记账、银行存款日记账的余额,以及各明细分类账户余额合计数,分别与总分类账中的余额进行核对。

(5) 月末,根据核对无误的总分类账和各种明细分类账,编制会计报表。(略)

第三节　科目汇总表账务处理程序

一、科目汇总表账务处理程序的基本内容

(一) 科目汇总表账务处理程序的定义

科目汇总表账务处理程序是指根据各种记账凭证先定期(每 10 天或 15 天,或每月一次)按会计科目汇总编制科目汇总表,然后根据科目汇总表登记总分类账,并定期编制会计报表的账务处理程序。科目汇总表账务处理程序是在记账凭证账务处理程序的基础上发展和演变而来的。

(二) 科目汇总表账务处理程序的特点

科目汇总表账务处理程序的特点是:定期根据所有记账凭证汇总编制科目汇总表,根据

科目汇总表上的汇总数字进行相应的账户总分类账的登记。

（三）科目汇总表的编制方法

科目汇总表是根据专用记账凭证（或通用记账凭证）汇总编制而成的。基本的编制方法是：根据一定时期内的全部记账凭证，按照相同会计科目进行归类，定期（每10天或15天，或每月一次）分别汇总每一个账户的借、贷双方的发生额，并将其填列在科目汇总表的相应栏内，借以反映全部账户的借、贷方发生额。根据科目汇总表登记总分类账时，只需要将该表中汇总起来的各科目的本期借、贷方发生额的合计数，分次或月末一次记入相应总分类账的借方或贷方即可。

（四）科目汇总表账务处理程序的一般步骤

(1) 根据原始凭证或者原始凭证汇总表填制专用记账凭证（或填制通用记账凭证，下同）。
(2) 根据收款凭证和付款凭证逐笔登记库存现金日记账和银行存款日记账。
(3) 根据记账凭证并参考原始凭证或原始凭证汇总表，逐笔登记各种明细账。
(4) 根据各种记账凭证汇总编制科目汇总表。
(5) 根据科目汇总表登记总分类账。
(6) 月末，将日记账、明细账的余额与总分类账中相应账户的余额进行核对。
(7) 月末，根据总分类账和明细账的资料编制会计报表。

科目汇总表账务处理程序步骤如图8.3所示。

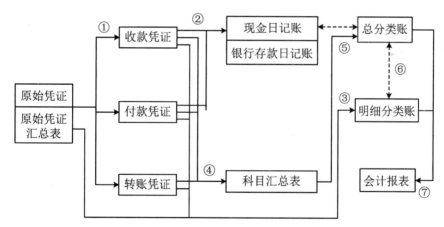

图8.3 科目汇总表账务处理程序步骤示意图

二、科目汇总表的编制举例

【例8-2】 某企业在20×8年9月份发生了如下经济业务，记账凭证上编制的会计分录如下：

现收1	借：库存现金	80
	贷：其他应收款	80
现付1	借：应付职工薪酬	85 000

	贷:库存现金		85 000
现付2	借:管理费用	813	
	贷:库存现金		813
银付1	借:在途物资	73 000	
	应交税费	9 490	
	贷:银行存款		82 490
银付2	借:长期待摊费用	6 000	
	贷:银行存款		6 000
银付3	借:在建工程	120 000	
	贷:银行存款		120 000
银付4	借:在途物资	7 000	
	贷:银行存款		7 000
银付5	借:库存现金	85 000	
	贷:银行存款		85 000
银付6	借:应付职工薪酬	2 400	
	贷:银行存款		2 400
银付7	借:制造费用	3 000	
	管理费用	2 500	
	贷:银行存款		5 500
转1	借:管理费用	1 420	
	贷:其他应收款		1 420
转2	借:在途物资	3 200	
	贷:应付账款		3 200
转3	借:原材料	83 200	
	贷:在途物资		83 200
转4	借:生产成本	3 000	
	贷:制造费用		3 000
转5	借:生产成本	36 200	
	在建工程	10 000	
	贷:原材料		46 200

科目汇总表工作底稿的格式以及本例的汇总情况如表8.6所示。

表8.6 科目汇总表工作底稿
20×8年9月

库存现金				在途物资			
现收1	80	现付1	85 000	银付1	73 000	转3	83 200
银付5	85 000	现付2	813	银付4	7 000		
				转2	3 200		
合计	85 080	合计	85 813	合计	83 200	合计	83 200

续表

原材料			
转3	83 200	转5	46 200
合计	83 200	合计	46 200

银行存款			
		银付1	82 490
		银付2	6 000
		银付3	120 000
		银付4	7 000
		银付5	85 000
		银付6	2 400
		银付7	5 500
合计	0	合计	308 390

长期待摊费用			
银付2	6 000		
合计	6 000	合计	0

其他应收款			
		现收1	80
		转1	1 420
合计	0	合计	1 500

在建工程			
银付3	120 000		
转5	10 000		
合计	130 000	合计	0

制造费用			
银付7	3 000	转4	3 000
合计	3 000	合计	3 000

应交税费			
银付1	9 490		
合计	9 490	合计	0

应付职工薪酬			
现付1	85 000		
银付6	2 400		
合计	87 400	合计	0

应付账款			
		转2	3 200
合计	0	合计	3 200

生产成本			
转4	3 000		
转5	36 200		
合计	39 200	合计	0

管理费用			
现付2	813		
银付7	2 500		
转1	1 420		
合计	4 733	合计	0

应提醒注意的是:科目汇总表是对各个会计科目的发生额(不包括余额)进行汇总,以便于编制科目汇总表。此外,科目汇总表可以每月编制一次,也可以根据会计核算的需要定期分次编制。本例题假定是月末一次编制。根据以上汇总结果编制科目汇总表,如表8.7所示。

表 8.7 科目汇总表

20×8 年 9 月

会计科目	本期发生额		总账页数
	借方	贷方	
库存现金	85 080	85 813	
银行存款	0	308 390	
在途物资	83 200	83 200	
原材料	83 200	46 200	
其他应收款	0	1 500	
长期待摊费用	6 000	0	
在建工程	130 000	0	
管理费用	4 733	0	
生产成本	39 200	0	
制造费用	3 000	3 000	
应交税费	9 490	0	
应付账款	0	3 200	
应付职工薪酬	87 400	0	
合　计	531 303	531 303	

编制科目汇总表的作用是可以对总分类账进行汇总登记。根据科目汇总表登记总分类账时，只需要将科目汇总表中有关各科目的本期借、贷方发生额合计数，分次或月末一次记入相应总分类账的借方或贷方即可。这样，可以大大简化登记总分类账的工作量，提高账簿登记的准确性。另外，采用科目汇总表时，登记总账所依据凭证的编号方法有一定变化，应以"科汇字第×号"字样按月连续编号。

三、对科目汇总表账务处理程序的评价

（一）科目汇总表账务处理程序的优点

可以利用该表的汇总结果进行账户发生额的试算平衡。

（1）在科目汇总表上的汇总结果体现一定会计期间内所有账户的借方发生额和贷方发生额之间的相等关系，利用这种相等关系，可以进行全部账户记录的试算平衡。

（2）在试算平衡的基础上记账能保证总分类账登记的正确性。在科目汇总表账务处理程序下，总分类账是根据科目汇总表上的汇总数字登记的。由于在登记总分类账之前，能够通过科目汇总表的汇总结果检验所填制的记账凭证是否正确，就等于在记账前进行一次试算平衡，对汇总过程中可能存在的错误也容易发现。在所有账户借、贷发生额相等的基础上

再记账,在一定程度上能够保证总分类账登记的正确性。

(3) 可以大大减轻登记总账的工作量。在科目汇总表账务处理程序下,可根据科目汇总表上有关账户的汇总发生额,在月中定期或月末一次性地登记总分类账,可以使登记总分类账的工作量大为减轻。

(4) 适用性比较强。与记账凭证账务处理程序和汇总记账凭证账务处理程序相比较,科目汇总表账务处理程序优点较多,任何规模的会计主体都可以采用。

(二) 科目汇总表账务处理程序的缺点

1. 编制科目汇总表的工作量比较大

在科目汇总表账务处理程序下,对发生业务也首先要填制各种专用记账凭证,在此基础上,还需要定期地对这些专用记账进行汇总,编制作为登记总分类账依据的科目汇总表,增加了编制科目汇总表的工作量。

2. 科目汇总表上不能够清晰地反映账户之间的对应关系

科目汇总表是按各个会计科目归类汇总其发生额的,在该表中不能清楚地显示出各个账户之间的对应关系,不能够清晰地反映经济业务的来龙去脉。在这一点上,科目汇总表不如专用记账凭证和汇总记账凭证。

(三) 科目汇总表账务处理程序的适用范围

由于科目汇总表账务处理程序清楚,又具有能够进行账户发生额的试算平衡,减轻总分类账登记的工作量等优点,因而,规模不同的会计主体都可以采用。对于业务量大的会计主体而言,科目汇总表账务处理程序的优势更加明显。

第四节 汇总记账凭证账务处理程序

一、汇总记账凭证账务处理程序的基本内容

(一) 汇总记账凭证账务处理程序的定义

汇总记账凭证账务处理程序是指先根据原始凭证或汇总原始凭证填制记账凭证,定期根据记账凭证分类编制汇总收款凭证、汇总付款凭证和汇总转账凭证,再根据汇总记账凭证登记总分类账的一种账务处理程序。

(二) 汇总记账凭证账务处理程序的特点

汇总记账凭证账务处理程序的特点是:定期将全部记账凭证分别编制汇总收款凭证、汇总付款凭证、汇总转账凭证,根据各种汇总记账凭证上的汇总数字登记总分类账。

(三) 汇总记账凭证的编制及其登账方法

汇总记账凭证是在填制的各种专用记账凭证的基础上,按照一定的方法进行汇总编制而成。汇总记账凭证的种类不同,汇总编制的方法也有所不同。

1. 汇总收款凭证的编制方法

(1) 编制汇总收款凭证的基本方法。

汇总收款凭证的编制方法是:按日常核算工作中所填制的专用记账凭证中的收款凭证上会计分录的借方科目设置汇总收款凭证,按分录中相应的贷方科目定期(如每5天或10天等)进行汇总,每月编制一张。汇总时计算出每一个贷方科目发生额合计数,填入汇总收款凭证的相应栏次。

汇总收款凭证是根据专用记账凭证中的收款凭证汇总编制而成的。在编制汇总收款凭证时,首先应确定是以记账凭证上的哪一个会计科目为主进行汇总。由于收款凭证上反映的是收款业务,因而必须围绕反映货币资金收入的会计科目("库存现金"或"银行存款"等)进行汇总。在借贷记账法下,这些科目的增加又应在借方登记。因而,编制汇总收款凭证时要求按借方科目设置,实际上是要求按"库存现金"或"银行存款"设置汇总记账凭证上的主体科目,以其为主进行汇总。

(2) 汇总收款凭证的编制举例。

【例8-3】 某企业20×8年11月1—10日发生如下库存现金收款业务。其中收回其他应收款业务2笔(见现收1、现收4);实现其他业务收入业务3笔(见现收2、现收3、现收6);收回应收账款业务1笔(见现收5)。在收款凭证上编制的会计分录如下所示。

现收1　借:库存现金　　　　　　　　　　　　　　　　　300
　　　　　　贷:其他应收款　　　　　　　　　　　　　　　　300

现收2　借:库存现金　　　　　　　　　　　　　　　　　4 000
　　　　　　贷:其他业务收入　　　　　　　　　　　　　　4 000

现收3　借:库存现金　　　　　　　　　　　　　　　　　600
　　　　　　贷:其他业务收入　　　　　　　　　　　　　　600

现收4　借:库存现金　　　　　　　　　　　　　　　　　60
　　　　　　贷:其他应收款　　　　　　　　　　　　　　　60

现收5　借:库存现金　　　　　　　　　　　　　　　　　400
　　　　　　贷:应收账款　　　　　　　　　　　　　　　　400

现收6　借:库存现金　　　　　　　　　　　　　　　　　800
　　　　　　贷:其他业务收入　　　　　　　　　　　　　　800

在以上现金收款业务的记账凭证中,会计分录的借方科目均为"库存现金";涉及的贷方科目有三个。其中,涉及"其他应收款"科目的有两份凭证,涉及"其他业务收入"科目的有三份凭证,涉及"应收账款"科目的有一份凭证。

按借方科目"库存现金"设置汇总收款凭证,按贷方科目"其他应收款""其他业务收入""应收账款"进行汇总,可以计算出该企业1—10日对应于"库存现金"科目的其他会计科目的发生额如下:

"其他应收款"科目发生额为:300元+60元=360元

"其他业务收入"科目发生额为:4 000元+600元+800元=5 400元

"应收账款"科目发生额为:400元

根据1—10日汇总结果,填入该企业本月汇总收款凭证的相应栏次,如图8.4所示(11—20日、21—30日为另外两次汇总结果的假定数)。

汇总收款凭证

借方科目:库存现金

按借方科目设置 ↑

贷方科目	金额				总账页数	
	1—10日凭证1—6号	11—20日凭证7—10号	21—30日凭证11—15号	合计	借方	贷方
其他应收款	360	640	400	1 400		
其他业务收入	5 400	1 250	500	7 150		
应收账款	400	600	800	1 800		
合计	6 160	2 490	1 700	10 350		

↑ 按贷方科目汇总填列

月终合计,记入有关总分类账户贷方

记入"库存现金"总分类账户借方

图8.4 汇总收款凭证编制示意图

2. 汇总付款凭证的编制方法

(1) 汇总付款凭证的编制方法是:按日常核算工作中所填制的专用记账凭证中的会计分录中的贷方科目("库存现金"或"银行存款"等)设置汇总付款凭证,按相应的借方科目定期(如每5天或10天等)进行汇总,每月编制一张。汇总时计算出每一个借方科目发生额合计数,填入汇总付款凭证的相应栏次。

(2) 汇总付款凭证的编制举例(略)。

3. 汇总转账凭证的编制方法

(1) 汇总转账凭证的编制方法是:按日常核算工作中所填制的专用记账凭证中的转账凭证上会计分录的贷方科目(如"原材料""固定资产"等)设置汇总转账凭证,按它们相应的借方科目定期(如每5天或10天等)进行汇总,每月编制一张。计算出每一个借方科目发生额合计数,填入汇总转账凭证的相应栏次。

(2) 汇总转账凭证的编制举例。

【例8-4】 现仅以某企业20×8年11月1—10日发生的发出材料的转账业务为例,说明汇总转账凭证的编制方法。假定该企业在10日内发出材料业务共6笔。其中用于生产产品业务有2笔(见转1、转4);制造部门一般耗用业务有2笔(见转2、转6);与产品销售有关的耗用业务有1笔(见转3);企业管理部门耗用业务有1笔(见转5)。在转账凭证上编制的会计分录如下所示。

转1 借:生产成本　　　　　　　　　　　　　　　　　　　2 500
　　　　贷:原材料　　　　　　　　　　　　　　　　　　　　　　　　2 500

| 转2 | 借:制造费用 | | 1 000 | |
| 转2 | 贷:原材料 | | | 1 000 |

转2　借:制造费用　　　　　　　　　　　　　　　　　1 000
　　　　贷:原材料　　　　　　　　　　　　　　　　　　　　　1 000
转3　借:销售费用　　　　　　　　　　　　　　　　　　200
　　　　贷:原材料　　　　　　　　　　　　　　　　　　　　　　200
转4　借:生产成本　　　　　　　　　　　　　　　　　3 000
　　　　贷:原材料　　　　　　　　　　　　　　　　　　　　　3 000
转5　借:管理费用　　　　　　　　　　　　　　　　　　400
　　　　贷:原材料　　　　　　　　　　　　　　　　　　　　　　400
转6　借:制造费用　　　　　　　　　　　　　　　　　　200
　　　　贷:原材料　　　　　　　　　　　　　　　　　　　　　　200

在以上转账业务的记账凭证中,会计分录的贷方科目均为"原材料";涉及的借方科目有4个。其中涉及"生产成本"科目的有2份凭证,涉及"制造费用"科目的有2份凭证,"销售费用"科目的有1份凭证,涉及"管理费用"科目的有1份凭证。

按贷方科目"原材料"设置汇总转账凭证,按借方科目"生产成本""制造费用""销售费用""管理费用"进行汇总,可以计算出该企业1—10日对应于"原材料"科目的其他会计科目的发生额如下:

"生产成本"科目发生额为:2 500元+3 000元=5 500元

"制造费用"科目发生额为:1 000元+200元=1 200元

"销售费用"科目发生额为:200元

"管理费用"科目发生额为:400元

根据1—10日汇总结果填入该企业本月以"原材料"科目为汇总科目的汇总转账凭证的相应栏次,如图8.5所示(1—20日、21—30日为另外两次汇总结果的假定数)。

汇总转账凭证

贷方科目:原材料

借方科目	金　额				总账页数	
	1—10日凭证1—6号	11—20日凭证7—10号	21—30日凭证11—16号	合计	借方	贷方
生产成本	5 500	4 500	6 000	16 000		
制造费用	1 200			1 200		
销售费用	200			200		
管理费用	400			400		
合计	7 300	4 500	6 000	17 800		

图8.5　汇总转账凭证编制示意图

(四)汇总记账凭证账务处理程序下账务处理的基本步骤

(1)根据原始凭证或原始凭证汇总表填制收款凭证、付款凭证及转账凭证。

(2)根据收款凭证、付款凭证,逐日逐笔登记库存现金日记账及银行存款日记账。
(3)根据原始凭证和记账凭证逐笔登记各种明细分类账。
(4)根据记账凭证定期编制汇总收款凭证、汇总付款凭证和汇总转账凭证。
(5)月末,根据汇总收款凭证、汇总付款凭证、汇总转账凭证登记总分类账。
(6)月末,在账账核对的基础上,根据总账和明细账的记录编制会计报表。
汇总记账凭证的财务处理程序账务处理步骤如图8.6所示。

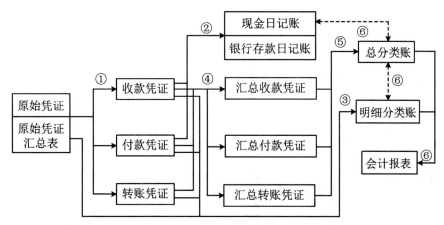

图 8.6 汇总记账凭证账务处理程序账务处理步骤示意图

二、对汇总记账凭证账务处理程序的评价

(一)汇总记账凭证账务处理程序的优点

(1)在汇总记账凭证上能够清晰地反映账户之间的对应关系。在汇总记账凭证账务处理程序下,所采用的是专用记账凭证和汇总记账凭证。汇总记账凭证是采用按会计科目对应关系进行分类汇总,能够清晰反映出有关会计账户之间的对应关系。

(2)可以大大减少登记总分类账的工作量。在汇总记账凭证账务处理程序下,可以根据汇总记账凭证上有关账户的汇总发生额,在月份当中定期或月末一次性登记总分类账,可以使登记总分类账的工作量大为减少。

(二)汇总记账凭证账务处理程序的缺点

(1)定期编制汇总记账凭证的工作量比较大。对发生的经济业务首先要填制专用记账凭证,即收款凭证、付款凭证和转账凭证,在此基础上,还需要定期分类对这些专用记账凭证进行汇总,编制作为登记总分类账依据的汇总记账凭证,增加了编制汇总记账凭证的工作量。

(2)对汇总过程中可能存在的错误难以发现。编制汇总记账凭证是一项比较复杂的工作,容易产生汇总错误。而且汇总记账凭证本身又不能体现出有关数字之间的平衡关系,即使存在汇总错误也难被发现。

(三) 汇总记账凭证的适用范围

汇总记账凭证具有能够清晰地反映账户之间的对应关系以及能够减轻登记总分类账的工作量等优点，它一般只适用于规模较大、经济业务量比较多、专用记账凭证也比较多的会计主体。

课 后 习 题

一、单项选择题

1. 记账凭证核算组织程序下登记总分类账的依据是（　　）。
   A. 记账凭证　　　　　　　　B. 汇总记账凭证
   C. 科目汇总表　　　　　　　D. 原始凭证

2. 在下列账务处理程序中，被称为最基本的会计账务处理程序的是（　　）。
   A. 记账凭证账务处理程序　　B. 汇总记账凭证账务处理程序
   C. 科目汇总表账务处理程序　D. 日记总账账务处理程序

3. 科目汇总表的基本编制方法是（　　）。
   A. 按照不同会计科目进行归类定期汇总
   B. 按照相同会计科目进行归类定期汇总
   C. 按照借方会计科目进行归类定期汇总
   D. 按照贷方会计科目进行归类定期汇总

4. 汇总收款凭证是按（　　）。
   A. 收款凭证上的借方科目设置的　　B. 收款凭证上的贷方科目设置的
   C. 付款凭证上的借方科目设置的　　D. 付款凭证上的贷方科目设置的

5. 汇总付款凭证是按（　　）。
   A. 收款凭证上的借方科目定期汇总　B. 收款凭证上的贷方科目定期汇总
   C. 付款凭证上的借方科目定期汇总　D. 付款凭证上的贷方科目定期汇总

6. 汇总转账凭证是按（　　）。
   A. 收款凭证上的贷方科目设置的　　B. 付款凭证上的贷方科目设置的
   C. 转账凭证上的贷方科目设置的　　D. 转账凭证上的借方科目设置的

7. 汇总记账凭证账务处理程序的特点是（　　）。
   A. 根据各种汇总记账凭证直接登记明细分类账
   B. 根据各种汇总记账凭证直接登记总分类账
   C. 根据各种汇总记账凭证直接登记日记账
   D. 根据各种记账凭证上直接登记总分类账

8. 所有账务处理程序在做法上相同点是（　　）。
   A. 根据各种记账凭证直接逐笔登记总分类账
   B. 根据各种记账凭证直接逐笔登记日记总账
   C. 根据各种记账凭证直接逐笔登记明细账
   D. 根据各种记账凭证上的记录编制会计报表

二、多项选择题

1. 会计循环的主要环节有（　　）。
   A. 设置账户　　　　　　　　B. 填制会计凭证
   C. 成本计算　　　　　　　　D. 登记账簿
   E. 编制会计报表

2. 在会计循环中，属于会计主体日常会计核算工作内容的有（　　）。
   A. 根据原始凭证填制结账凭证
   B. 根据编制的会计分录登记分类账
   C. 编制调整分录并予以过账
   D. 根据分类账记录编制结账前试算平衡表
   E. 编制结账分录并登记入账

3. 科目汇总表账务处理程序的优点有（　　）。
   A. 可以进行账户发生额的试算平衡　　B. 可减轻登记总账的工作量
   C. 能够保证总分类账登记的正确性　　D. 适用性比较强
   E. 可清晰地反映账户之间的对应关系

4. 汇总记账凭证账务处理程序的缺点主要有（　　）。
   A. 在汇总记账凭证上不能清晰地反映账户之间的对应关系
   B. 需要填制大量的各种专用记账凭证
   C. 不能够大大减少登记总分类账的工作量
   D. 定期编制汇总记账凭证的工作量比较大
   E. 对汇总过程中存在的错误难以及时发现

5. 在以下各项中，所有账务处理程序在做法上的相同点有（　　）。
   A. 根据各种记账凭证直接逐笔登记总分类账
   B. 根据各种记账凭证直接逐笔登记库存现金日记账
   C. 根据各种记账凭证直接逐笔登记各种明细分类账
   D. 根据各种分类账簿的记录资料编制会计报表
   E. 根据各种记账凭证直接逐笔登记银行存款日记账

三、判断题

1. 每一个会计循环一般都是在一个特定的会计期间内完成的。（　　）
2. 记账凭证账务处理程序是最基本的一种会计账务处理程序。（　　）
3. 可以根据科目汇总表的汇总数字登记相应的总分类账。（　　）
4. 汇总收款凭证是根据各种专用记账凭证汇总而成。（　　）
5. 编制汇总记账凭证的作用是可以对总分类账进行汇总登记。（　　）

参 考 文 献

[1] 中国注册会计师协会.会计[M].北京:中国财政经济出版社,2019.
[2] 财政部财会〔2019〕6号.关于修订印发2019年度一般企业财务报表格式的通知[EB/OL][2019-05-10]. http://kjs.mof.gov.cn/zhengwuxinxi/zhengcefabu/201905/t20190510_3254992.html.
[3] 中华人民共和国财政部.企业会计准则应用指南:2018年版[M].上海:立信会计出版社,2018.
[4] 国家税务总局.中华人民共和国税收基本法规:2018年版[M].北京:中国税务出版社,2018.
[5] 许太谊.企业会计准则及相关法规应用指南:2018[M].北京:中国市场出版社,2018.
[6] 陈国辉,迟旭升.基础会计[M].6版.大连:东北财经大学出版社,2018.
[7] 朱小平,周华,秦玉熙.初级会计学[M].10版.北京:中国人民大学出版社,2019.
[8] 李海波,蒋瑛.新编会计学原理:基础会计[M].20版.北京:立信会计出版社,2019.
[9] 龚翔,施先旺.会计学原理[M].大连:东北财经大学出版社,2019.
[10] 张洁.会计学原理[M].上海:上海财经大学出版社,2019.
[11] 熊彦,刘元顿,周小芳.基础会计[M].成都:西南财经大学出版社,2019.
[12] 约翰·怀尔德,肯·肖,芭芭拉·基亚佩塔.会计学原理[M].23版.崔学刚,译.北京:中国人民大学出版社,2019.
[13] 夏冬林,秦玉熙.会计学:原理与方法[M].3版.北京:中国人民大学出版社,2019.
[14] 林钢.会计学[M].5版.北京:中国人民大学出版社,2019.
[15] 财政部会计资格评价中心.初级会计实务[M].北京:经济科学出版社,2019.
[16] 吴水澎.会计学原理[M].北京:经济科学出版社,2011.